AF455985

Lk

MARCHANDS DE FOLIE

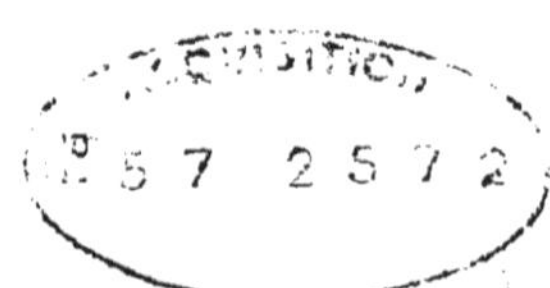

DES MÊMES AUTEURS

En vente à la Librairie Marcel RIVIÈRE et Cie, 31, rue Jacob

---

Les Métiers qui tuent :

Enquête auprès des syndicats ouvriers sur les Maladies professionnelles.................. **0 fr. 75**

La Vie Tragique des Travailleurs :

Enquêtes et Monographies sur la condition matérielle et morale des ouvriers et ouvrières de grande et de moyenne industrie et sur les travailleurs à domicile. Préface de Lucien DESCAVES ; couverture illustrée de STEINLEN................ **3 fr. 50**

La Classe Ouvrière :

Les Boulangers — Les Employés de Magasin — Les Terrassiers — Les Travailleurs du Restaurant — Les Cheminots — Pêcheurs bretons — Les Postiers — Les Compagnons du Bâtiment — Les Blessés. — Onze illustrations hors texte de DELANNOY et GALLAND ; couv. illustrée d'EICHACKER. **2 fr. 35**

BIBLIOTHÈQUE NATIONALE
R.F.
IMPRIMÉS

BIBLIOTHÈQUE DES SCIENCES ÉCONOMIQUES & SOCIALES

Léon et Maurice BONNEFF

Marchands de Folie

Cabaret des Halles et des Faubourgs
Cabaret-Tâcheron — Cabaret-Cantinier — Cabaret-Placeur
Cabaret de luxe — L'Estaminet des Mineurs
Au pays du « Petit Sou » : sur les quais de Rouen
Au pays de l'Absinthe
De l'infirmerie spéciale du Dépôt à la Maison de fous

DEUXIÈME ÉDITION

PARIS
LIBRAIRIE DES SCIENCES POLITIQUES ET SOCIALES
Marcel RIVIÈRE & Cie
31, Rue Jacob et 1, Rue St-Benoît

1913

Le mal de l'alcoolisme ronge la nation, mais les pouvoirs publics n'ont pas le courage de combattre l'alcoolisme. Lorsqu'un ministre des Finances essaie de boucler son budget en frappant l'alcool d'impôts nouveaux, les marchands de spiritueux se lèvent, vouent au mépris des foules l'audacieux argentier, tiennent des meetings d'indignation, convoquent et menacent les parlementaires, manifestent dans la rue et mettent en déroute le ministre des Finances !

Les cabaretiers sont des personnages importants et redoutables depuis que le gouvernement révoqua, le 17 juillet 1880, les dispositions qui entravaient le commerce des boissons, depuis que Gambetta prononça devant les mastroquets, au Tivoli-Vaux-Hall, ces paroles inoubliables :

« Je suis ici parce que j'ai trouvé, dans la cause qui m'a été apportée et soumise par vos représentants, du bien à faire et une injustice à réparer... Je dis que la cause des débitants de vins est juste et je le dis pour l'avoir examinée sérieusement... Je sais bien qu'on dira : Mais vous prenez en main une cause suspecte, prenez garde ! il y a l'intérêt de la santé et de l'hygiène publiques à

protéger avant tout ! C'est bien aussi mon avis, mais, Messieurs, comme dans tous les problèmes qui touchent à l'économie sociale ou industrielle, nous sommes en présence d'intérêts distincts qu'il faut examiner et concilier.

« Il y a d'abord l'intérêt du producteur, du vendeur primitif, il y a ensuite l'intérêt de l'Etat pour la perception des droits, intérêt puissant dans une démocratie qui ne recueille l'impôt que pour en faire des applications utiles et fécondes toujours plus conformes à l'intérêt général.

« En troisième ligne, il y a l'intérêt du consommateur... Enfin il y a l'intérêt des marchands de vins... Eh bien ! ce marchand de vins, ce débitant, cet humble commerçant qui exerce sa profession surtout dans les quartiers populaires et dont le comptoir remplace pour l'ouvrier, pour le petit bourgeois, pour le tâcheron, le cercle, le club, le salon, oui, Messieurs, ce marchand de vins est soumis à une législation exceptionnelle et vraiment trop rigoureuse.

« Messieurs, lorsqu'on décrie cette profession, on fait le procès même de la démocratie laborieuse. »

Les médecins peuvent brandir d'innombrables statistiques, montrer l'alcool pourvoyeur de prisons, d'hôpitaux, d'asiles, faire apparaître les effets destructeurs du poison sur l'organisme, les mastroquets se rient des docteurs et, tranquilles à leur comptoir, se sentent protégés par la loi.

Nous avons vu leurs cabarets, estaminets de

Paris et des départements, auberges de toutes sortes, depuis les bouges de la misère jusqu'aux salons de la noce dorée. Nous avons adressé aux Bourses du Travail un questionnaire sur l'alcool et ses ravages. Les réponses se ressemblent. Que boit-on de préférence dans votre région ? L'absinthe, répondent Lyon et Marseille; l'absinthe, le tafia, le rhum, répond Saint-Nazaire; l'absinthe, la mirabelle, dit Nancy; l'absinthe, le marc, dit Saint-Etienne.

Nous avons suivi le buveur, du cabaret au cabanon inclusivement, en marquant chaque étape de la route. Nous publions ici le récit de ces promenades, et de cette enquête nous tirons cette conclusion :

L'alcoolisme est un produit de l'organisation sociale; l'ouvrier boit surtout parce qu'il est surmené, anémié, écrasé par les besognes pénibles. A Béziers, écrit le secrétaire de la Bourse du Travail, les charretiers de vin boivent beaucoup parce que leur journée de labeur dure de 12, 14, 16 ou même 18 heures et qu'on leur distribue force boisson. A Rochefort, les corporations les plus éprouvées sont celles des docks et du bâtiment, à cause des faibles gains qui ne permettent pas aux hommes de s'alimenter suffisamment. Il y a des alcooliques, écrit le secrétaire-adjoint de l'Union des Syndicats, à Nancy, dans les professions où les travaux sont rudes, mal payés, où l'on fait des journées minimum de 12 heures. Il y en a aussi chez les verriers. Ils disent que la poussière et la chaleur des fours les incitent à boire; aucun n'est syndiqué. »

Il serait absurde de dire que l'alcoolisme est une maladie spéciale à la classe ouvrière. Il sévit dans toutes les classes; on s'en convainc en visitant le cabaret de luxe, en voyant à la caserne ces réservistes, souvent petits bourgeois, refuser comme non potable le café servi dans les cantines lorsqu'il n'est pas additionné d'une forte rasade d'eau-de-vie.

Le syndicalisme combat l'alcool par des réunions, des groupements, des journaux. Sa propagande est efficace. Mais le mal est si grand qu'elle est insuffisante. Pour guérir le pays, il faudrait que le législateur osât frapper la liqueur de droits exorbitants, limiter le nombre des débits, prohiber l'absinthe, supprimer le privilège des bouilleurs; il faudrait qu'il opposât au poison l'antidote hygiène, *et cela, par l'éducation sportive des jeunes gens, par l'édification de maisons salubres, par l'utilisation de grands espaces aux jeux de plein air. C'est une tâche immense et difficile qui lui incombe : mais le résultat vaut mille fois l'effort. Car la campagne autant que la ville est la proie du fléau, et certains départements agricoles, comme la Sarthe, figurent maintenant en rang de choix sur la carte alcoolique et criminelle de la France. Les mesures de salut qui sont urgentes, le législateur aura-t-il le pouvoir de les édicter ? Voudra-t-il ? Hélas !*

CABARETS DES HALLES ET DES FAUBOURGS

Pour connaître le labeur des villes, à l'aube et à la nuit, il faut visiter les Halles. En nul endroit de la cité, l'activité des hommes n'est plus intense.

A trois heures du matin, autour des victuailles étalées sur le carreau, s'agitent les maraîchères, les garçons, les chargeurs, les gardes, les « manutentionnaires ». Des soupes cuisent sur le trottoir. Les débits regorgent de clients. Avant de prendre la besogne, on lampe sur le zinc un verre d'eau-de-vie ou de vin blanc.

Parmi les cabarets si nombreux aux Halles, l'un d'eux, près de la pointe Saint-Eustache, mérite une étude particulière en raison du caractère de son tenancier et de sa clientèle.

A partir de sept heures du soir, des ouvriers à qui se joignent les miséreux qui pullulent dans le quartier accourent à l'estaminet pour y loger durant la nuit.

Un hôtel s'annexe en effet au débit : une vaste pièce dans l'arrière-boutique peut recevoir cent locataires. Pas de lits : elle est meublée de tables et de bancs et, pour avoir le gîte jusqu'au matin, il faut payer une redevance de dix centimes. Mais le logeur a d'autres exigences : il est d'abord et avant tout cabaretier, *aussi n'accorde-t-il au gueux le droit de dormir que s'il absorbe au moins deux consommations.*

Si vous entrez le soir dans la maison où, près du comptoir, étincellent les flacons d'apéritifs, vous pouvez entendre le dialogue suivant :

— Avez-vous encore de la place pour moi, patron ? — Bien sûr. — Voilà mes deux sous pour la nuit. — Qu'est-ce qu'il faut vous servir ? — Mais rien. — Alors décampez, je ne peux vous loger que si vous prenez une absinthe ou un marc, et puis au réveil un coup de vin blanc. — Mais je n'ai que deux sous. — Alors, allez-vous-en !

L'homme n'insiste pas. Le cabaretier serre des poings d'athlète... C'est un « costaud », comme on dit dans l'argot du faubourg: un gars solidement bâti qui a tôt fait d'expulser le récalcitrant.

Une population bizarre fréquente l'estaminet de la Pointe Saint-Eustache. Des femmes employées aux travaux des Halles demandent, elles aussi, la « place » et l'alcool. Et dans la grande salle se déroulent parfois des scènes tragiques. Hommes et femmes sont mêlés : l'alcool éveille des jalousies; des drames ensanglantent le cabaret. On évite l'intervention de la police, qui demanderait sans doute la fermeture de l'établissement. Profitant du lourd sommeil qui abat la plupart des individus, affalés, la tête sur les bras, des malandrins visitent les poches des gueux. Les coupeurs de gousset volent ainsi quelques sous, qu'ils utilisent aussitôt, en commandant des « verres » au débitant. Il n'interrompt pas une minute son négoce, il veille toute la nuit, et n'abandonne son comptoir que l'après-midi, laissant alors à sa femme le soin de servir les passants. — Au réveil ce sont de nouvelles disputes qui se terminent par des rixes et des expulsions mouvementées.

Le prix du sommeil

Cette effroyable boutique a la clientèle des « porteurs » à qui le patron fait crédit pendant une nuit, car ils ne touchent leur salaire que vers dix heures du matin, après avoir accompli leur rude labeur. Alors ils remboursent le prix de leurs libations nocturnes, plus une autre redevance : le débitant loue au porteur ses instruments de travail, ses hottes, ses crochets, à raison de trois sous la pièce. Les outils n'appartiennent pas à l'ouvrier, trop pauvre pour les acquérir, mais qui paye dix fois leur valeur en locations renouvelées, et c'est ainsi que la plus grande partie de son salaire revient au comptoir. Comme nourriture il achète les pommes de terre, les charcuteries que les petits marchands préparent dans la rue et qu'il consomme dans la buvette, cette buvette dont il ne peut se libérer à cause de sa misère !

Ils sont nombreux dans le quartier des Halles, les assommoirs du même genre. Autrefois l'estaminet et l'hôtel étaient bien distincts, les gueux s'entassaient chez Fradin, sur les bancs à quatre sous dont on a décrit si souvent l'installation. Et les locataires n'étaient pas tenus de boire pour dormir ! L'honnête Fradin a eu des concurrents : les marchands de vins ont pensé qu'il ne fallait pas laisser échapper la clientèle des pauvres. Voici, rue des Lombards, un cabaret dans lequel le propriétaire débite simplement le vin et l'eau-de-vie de marc. Les consommateurs, le soir, après avoir vidé leur verre, se dirigent vers un escalier qui conduit à la cave; c'est là qu'ils passent la nuit. Et le patron nous explique combien son commerce est prospère. Il remisait, à l'origine, des fûts dans le sous-sol ; il songea que l'endroit pouvait servir de chambrée. Un simple soupirail grillé « aère » les caves, où dans le courant d'une nuit passent 4 à 500 personnes, ce qui donne au tenancier une recette journalière de 50 francs. C'est un ancien lutteur qui, tout seul, maintient l'ordre dans son établissement et impose silence à tous les habitués. Lui ne veut recevoir aucune femme dans sa « boîte », non plus que les ivrognes grisés d'absinthe dont les saouleries tumultueuses confinent à la démence.

Le public des estaminets que nous visitons est un ramassis de toutes les misères et de toutes les déchéances. Dans cette salle où les murs sont tapissés de portraits dédicacés représentant des lutteurs aux muscles énormes, nous coudoyons des manœuvres, des petits employés aux gains de famine, des intellectuels que les infortunes ont déracinés et surtout des travailleurs en chômage. D'ailleurs, il faut l'avouer, la majorité des buveurs parmi les ouvriers est formée, en premier lieu, des hommes asservis par un labeur exténuant, des hommes qui peinent de longues heures en échange d'un salaire minime, et pour qui l'alcool est un stimulant en même temps qu'une nourriture. En second lieu, des alcooliques, vaincus du *struggle for life*, des vagabonds, ceux que la société a rejetés de ses cadres et qui s'inquiètent peu d'abréger une vie si rude au traîne-misère.

Vous les entendez, dans les tapis-francs, donner cet ordre au garçon de salle :

— Apporte-m'en une !

Une quoi ? Toute désignation est inutile, il s'agit d'une absinthe, d'une *bleue*, d'une *pure !*

Dans la « Resserre » et dans la rue

Ayant laissé dans les estaminets leurs maigres ressources, pour beaucoup d'irréguliers la conquête du pain devient un angoissant problème. Certes, dans l'amas de victuailles offert à l'appétit de Paris, dans ce gigantesque garde-manger que sont les Halles, les pauvres hères parviennent à ramasser quelques miettes, et souvent la générosité des marchands alimente les repas des pauvres. Mais lorsque la mendicité est improductive, l'homme a recours à des expédients douloureux.

On sait que les produits de fraîcheur douteuse sont impitoyablement rejetés par les inspecteurs sanitaires. Or, les marchandises avariées sont convoitées par les gueux. Mais l'administration a soin d'opérer le plus discrètement possible les saisies d'aliments, afin de ne pas alarmer le public.

Les poissons, les viandes suspects sont précipités dans un souterrain, soumis à l'action d'un désinfectant, remontés au jour et enfouis dans les carrières.

Malgré toutes les précautions prises, des malheureux parviennent à s'emparer de ces mets immondes. Nous avons pu pénétrer dans la *resserre,* située sous la Halle aux fromages où sont provisoirement entreposés les poissons et les coquillages refusés par le contrôle. Ils formaient des tas importants, car la présence d'un seul produit malsain suffit à proscrire tout un lot de victuailles. Le souterrain était éclairé au plafond. Dans des cabanes en planches, des surveillants étaient dissimulés de telle façon qu'ils pouvaient voir toute la pièce, sans être vus eux-mêmes.
— Bien souvent, nous dirent-ils, des hommes s'introduisent ici pour voler et nous sommes obligés de les faire arrêter par les agents. Les

malheureux viennent chercher dans le tas le repas d'une journée. Il en est qui sont talonnés par la faim, il en est aussi qui, tentés par l'appât d'un profit modique, sont envoyés par d'audacieux marchands: les *revendeurs,* qui n'hésitent pas à écouler de mauvais produits à la clientèle pauvre, obligée de rechercher les « occasions », et les rabais.

Une active surveillance permet de déjouer l'odieux trafic. Ceux qui s'en font les complices, par dénuement, sont pour la plupart les assidus des cabarets dont nous venons d'esquisser la physionomie. Chassés par le tenancier, lorsqu'ils n'ont plus un sou vaillant, ils couchent dans les rues couvertes qui traversent les pavillons des Halles. Et c'est un triste spectacle que de voir tous ces corps allongés sur le sol, par les nuits d'hiver! A l'aube, dès que les boutiques ont ouvert leurs devantures, les épiciers reçoivent la visite d'une catégorie de buveurs à qui le langage imagé du peuple a donné ce sobriquet: *les sonneurs de clairon.*

Ils achètent plusieurs litres de vin — vin d'Aramon à quatre sous le litre — et l'absorbent sous les portes cochères, empoignant la bouteille par le goulot, auquel ils boivent directement, imitant ainsi « le geste auguste du... sonneur ». Les hommes-sandwiches ont notamment cette habitude.

Des quantités considérables de vin sont ainsi consommées et ceci depuis le dégrèvement des boissons hygiéniques et l'augmentation des droits sur l'absinthe. D'une façon générale on peut affirmer que le relèvement des droits sur l'alcool a pour effet de diminuer la consommation de cette dernière liqueur et d'augmenter celle du vin. Les nombreux cabaretiers que nous avons interrogés sont unanimes à dire que leurs clients boivent un verre d'absinthe en moins par jour depuis que le prix en a été augmenté d'un sou, et comblent le vide en buvant en plus un litre de vin (1).

Cela doit être une indication : grevons l'alcool pour en diminuer la consommation dans la classe ouvrière. Cette mesure dans l'ordre financier — avec la suppression du privilège accordé aux bouilleurs de cru — constitue un moyen efficace de combattre l'alcoolisme. La limitation du nombre des débits — mesure excellente en soi — serait insuffisante en effet à enrayer le mal, car à défaut du cabaret, les consommateurs boiraient de l'alcool, *de la goutte,* dans les épiceries. Mais n'oublions pas surtout que les courtes journées de travail sont, dans l'ordre économique, une des meilleures armes contre le fléau (2).

---

(1) La quantité d'absinthe absorbée par chaque buveur a beau diminuer à Paris, le nombre des buveurs d'absinthe est en progression constante.

(2) Un exemple frappant de ce fait, souvent constaté par les sociologues, nous est fourni par les ouvriers du bâtiment. Leur situation matérielle s'étant notablement améliorée depuis quelques années à Paris, le nombre des alcooliques a diminué progressivement sur les chantiers.

Quittons maintenant les Halles et montons dans les faubourgs. Après avoir vu le cabaret-logeur, visitons le cabaret-proxénète, non point la brasserie spéciale, mais le bouge d'autant plus dangereux qu'on ne le distingue pas à première vue des autres estaminets. On le rencontre surtout dans le quartier de la Chapelle, dans cette *rue de la Charbonnière,* qui n'a rien à envier aux rues fameuses de Marseille et de Toulon.

L'Arrière-Boutique

La rue de la Charbonnière commence boulevard de la Chapelle et se termine rue de la Goutte-d'Or. La première partie, du n° 1 au n° 17 et du n° 2 au 20, n'offre rien de remarquable. Mais dans la seconde section, le passant constate avec surprise que la grande majorité des maisons, pour ne pas dire toutes, sont occupées par des débits et des hôtels.

Derrière leurs vitres, devant les comptoirs, des filles sont postées qui cognent au carreau pour appeler les passants. Jadis, les trottoirs étaient infestés de ces malheureuses : une plainte des habitants eut pour effet de leur interdire le stationnement sur la voie publique. Alors les cafés les recueillirent et les arrière-boutiques servirent d'alcôves. Dans ce quartier populeux, à proximité des grandes voies qui mènent à Clignancourt, à la Villette, au faubourg Saint-Denis, aux deux gares, les louches débits attirent les jeunes ouvriers. Ils trinquent avec les filles, et, de même que le mastroquet des Halles, ne loge sa clientèle que si elle absorbe au préalable absinthe et cognac, le cabaretier proxénète n'abrite les amours des passants que s'ils payent une contribution en petits verres. Jour et nuit, la maison distribue l'alcool et les plaisirs frelatés.

Le soir, la rue de la Charbonnière, qui dans Paris n'a pas sa pareille, devient le rendez-vous des malandrins. A la lueur d'une lampe à pétrole qui fume dans l'estaminet, on aperçoit les filles et leurs protecteurs. Le samedi les bals-musettes reçoivent leurs habitués. Et c'est là que parfois la police opère des arrestations. Il n'est point rare qu'au milieu d'une danse la salle soit envahie par les inspecteurs, qui imposent silence aux musiciens de l'orchestre, enjoignent aux assistants de lever les mains — ceci pour échapper aux agressions de la bande — et appréhendent les hommes dont ils ont le signalement. Dans ce quartier où le commerce des vins prédomine, ce ne sont point seulement les marchands de charbon, les hôteliers, les épiciers, les buralistes, qui vendent l'alcool en importante quantité, mais aussi les maîtres de lavoir, qui tiennent cantine. Ils ont la clientèle des ménagères, blanchisseuses et repasseuses qui choquent le petit verre d'alcool avec les couleurs de lessive. Le bon marché du produit : deux et trois sous le verre d'eau-de-vie, favorise la consommation. Rues de la Goutte-d'Or, de Chartres, boulevard de la Chapelle, les estaminets ne sont pas rares qui ressemblent à ceux de la rue de la Charbonnière. Un loueur de voitures tient un débit pour les marchandes des quatre saisons. Le matin, quand elles viennent chercher leur véhicule, le soir, quand elles le remisent, elles peuvent déguster les apéritifs dans la maison. Et tous les comptes se règlent sur le zinc, devant des consommations variées.

Le Banquier, l'hygiéniste

Le cabaret prend toutes les formes, s'adapte à tous les emplois, et c'est pourquoi il tient une si grande place dans la cité moderne. Parfois les mastroquets sont les *banquiers* des artisans, qui payent en « tournées » les intérêts de leurs dettes. Ce sont surtout les plombiers et les couvreurs qui ont recours aux services des cabaretiers. Dans la capitale, des auberges sont le *rendez-vous* des compagnons : c'est là que l'entrepreneur ou ses commis viennent chercher les ouvriers qu'ils embauchent. Or, chaque matin, nombre d'ouvriers empruntent au débitant une petite somme, généralement 2 francs. C'est l'acompte, le prêt, que l'homme rembourse à la paye bi-mensuelle. Il est inutile de dire que ces opérations financières sont toutes conclues le verre à la main. C'est bien naturel, n'est-ce pas, que l'ouvrier offre l'apéritif au généreux mastroquet ! Mais lorsque vient l'échéance, la reddition des comptes, le plombier, le zingueur et le couvreur s'aperçoivent que le marchand prête à un taux usuraire, car toutes dettes réglées, il reste maigre salaire au compagnon.

Le prêt donne au débitant une influence considérable si l'on songe qu'il a en plus le privilège de centraliser les offres d'emplois. Naturellement, il favorise les meilleurs clients de son débit. Une fois encore, les vieux usages d'une corporation retiennent les hommes au cabaret.

Lorsque les ouvriers voudront se soustraire à la tutelle coûteuse du rendez-vous, ils exigeront que les acomptes soient payés par les employeurs et que le syndicat professionnel ait le monopole du placement.

L'estaminet se pose encore en hygiéniste, et l'on pouvait récemment admirer au-dessus d'un débit situé avenue des Gobelins cette enseigne effarante :

La santé pour tous ! Chacun pourra boire sa verte ! 20 centimes le grand verre ! (1).

---

(1) Une catégorie de cabaretiers mérite cependant l'estime de la population. Ce sont, parmi les traiteurs, ceux qui, sans provoquer les beuveries, fournissent aux ouvriers, pour un prix modique, un substantiel repas. Dans les villes où les bars, les assommoirs de toutes sortes abondent, il convient de louer les commerçants qui se donnent la peine de préparer une saine cuisine, alors qu'il est si facile et si rémunérateur de servir à boire, uniquement.

Le « baccara » du pauvre

Le cabaret n'attend jamais la clientèle : il la sollicite et la retient par des pièges ou des divertissements.

Des industriels placent dans les débits des appareils à jeux. Il en existe plus de cent modèles qui apportent au consommateur toutes les émotions des paris et l'illusion qu'il est au champ de courses. Mettez deux sous, misez, placez, tirez un levier, des petits chevaux courent sur une piste, une grenouille avale des billes ou c'est le chapeau du clown qui reçoit des grains. Tous les enjeux sont à deux sous, la *mécanique* remet des jetons au gagnant. Marqués d'un chiffre, ils sont utilisés sur place, convertis en liqueurs de toutes sortes. Deux ou trois fois par semaine, le propriétaire des appareils vide la tirelire aux gros sous, il verse au débitant les sommes que représentent les jetons et lui donne une commission de 20 p. 100 sur la recette. Les distributeurs font le tour des cabarets qui échangent leurs modèles. Quand l'un a cessé de plaire, on l'envoie dans une autre boutique et on le remplace par un autre système de jeu.

Les samedis, particulièrement, les amateurs l'assiègent, il absorbe les pièces de deux sous par centaines; les perdants s'entêtent, les gagnants paient des tournées aux amis. Le mastroquet gagne à tous les coups; si la « banque » est heu-

reuse, il touche un fort courtage; si le client est chançard, il verse force rasades. On a interdit les paris d'argent dans les cabarets, on a laissé les ingénieux appareils qui entretiennent à la fois le jeu et l'ivrognerie.

LE CABARET-TACHERON
ET LE CABARET-CANTINIER

Le 18 novembre 1908, M. Viviani, alors ministre du Travail, déposait un projet de loi portant interdiction du *marchandage*. On ne saurait trop regretter que ce projet, voté par la Chambre, n'ait pas encore attiré l'attention du Sénat : la suppression du marchandage — énergiquement réclamée par les ouvriers de l'industrie du bâtiment — préviendrait le retour de longs et douloureux conflits.

Qu'est-ce que le marchandage ? Le projet de loi le définit ainsi (article premier) :

« Le marchandage est une convention de sous-entreprise, dans laquelle le sous-entrepreneur, ayant passé avec l'entrepreneur principal un contrat portant sur la main-d'œuvre de travaux à accomplir, fait exécuter ces travaux par des ouvriers payés par lui au temps et aux pièces, avec ou sans la garantie de l'entrepreneur principal. »

Le tâcheron, ennemi de l'ouvrier

Pourquoi la pratique du marchandage est-elle détestable et doit-elle être combattue? Parce que les sous-entrepreneurs ou tâcherons, par le jeu d'une âpre concurrence qu'ils se font, consentent sur le prix des travaux à des rabais considérables dont ils se remboursent ensuite sur les salaires ouvriers, provoquant une baisse générale des salaires ; parce que l'intérêt des tâcherons étant d'achever un travail donné dans l'espace de temps le plus bref, sans s'inquiéter de la qualité de la besogne, ils imposent aux ouvriers un surmenage dont rien ne saurait donner une idée, surmenage qui, épuisant rapidement les plus forts, terrasse les faibles en quelques semaines ; parce que cette hâte dans l'exécution des travaux est préjudiciable à leur bonne exécution et peut compromettre la solidité des ouvrages ; parce qu'enfin les tâcherons, dans le double but de réaliser de nouveaux bénéfices sur les vins et liqueurs et de fournir aux travailleurs un stimulant factice qui leur permet d'augmenter la production, se font cabaretiers, les plus dangereux, les plus irrésistibles des cabaretiers : ceux qui détiennent le pain de leurs clients et le retirent aux consommateurs insuffisants.

Partout où le Syndicat ne peut opposer la puissance du groupement à l'omnipotence cupide du tâcheron, l'alcoolisme approuvé, encouragé, imposé, sévit sur les chantiers à la tâche.

Les protestations ouvrières contre le tâcheronat ne datent pas d'aujourd'hui et le projet de loi de l'ancien ministre du Travail n'est pas la première disposition légale qu'elles provoquent.

Par décret du 2 mars 1848, le Gouvernement provisoire supprima le marchandage :

Décret du 2 mars 1848

« Considérant que l'exploitation des ouvriers « par les sous-entrepreneurs ouvriers, dits mar- « chandeurs ou tâcherons, est essentiellement « injuste, vexatoire et contraire aux principes « de la fraternité,

« Le Gouvernement provisoire de la Républi- « que décide :

« L'exploitation des ouvriers par les sous- « entrepreneurs ou marchandeurs est abolie. »

L'arrêté du 31 mars 1848 fixait les pénalités encourues par les contrevenants : amende de 50 francs ; de 100 en cas de récidive ; emprisonnement de un à dix mois en cas de double récidive.

Mais l'Empire vint et les tâcherons cessèrent d'être inquiétés. Leur industrie atteignit son apogée au début de 1906.

L'Art de faire fortune

Lorsqu'un entrepreneur se dispose à construire un immeuble, il fait appel à ses tâcherons (1). Il n'en convoque pas moins de dix : le *tâcheron-briqueteur ;* le *ferrailleur* (*monteur-levageur*);

(1) Certains entrepreneurs font exécuter directement leurs travaux par des ouvriers payés à la journée. Mais ils ne constituent encore qu'une minorité.

le *scieur de pierre;* le *tailleur de pierre;* le *bardeur ;* le *plâtrier-maçon ;* le *parqueteur ;* le *poseur de menuiserie;* le *poseur de lambourdes;* le *ravaleur,* sans compter le carreleur et le sculpteur.

Chaque tâcheron, les plans de l'immeuble en mains, évalue la besogne, calcule les frais de main-d'œuvre et indique à l'entrepreneur le prix moyennant quoi il se chargera de faire exécuter le travail qui constitue sa spécialité. Celui dont les conditions paraissent le plus favorables à l'entrepreneur obtient dans chaque série la commande.

Le tâcheron forme ses équipes. Il choisit les ouvriers les plus jeunes qu'il pourra rencontrer et cela pour deux raisons: d'abord parce que les hommes très jeunes (17 à 21 ans), remplis d'ardeur, peuvent fournir des efforts soutenus, ensuite parce qu'ils se laissent plus facilement circonvenir que des hommes expérimentés. Dans les équipes, dans *les coteries* (1), on dissémine des ouvriers connus pour exécuter rapidement la besogne, on leur attribue, en secret, un salaire plus élevé que celui de leurs compagnons : ce sont des *entraîneurs* chargés de provoquer l'émulation du commun. La production de ces entraîneurs sert de base de comparaison : tout compa-

(1) Les ouvriers du bâtiment appellent *coterie* un groupe de deux ouvriers attelés à la même besogne : on « fait coterie ».

gnon qui « n'abat » pas en sa journée une tâche égale à la leur « reçoit son sac » : il est renvoyé à la fin du jour. Aussi, sur les échafaudages, s'applique-t-on à faire avancer la besogne : les ouvriers doivent, c'est le mot d'ordre, « tremper la chemise en arrivant et ne pas la laisser sécher jusqu'au soir ».

Mais pour travailler si activement, il faut boire, beaucoup boire : « plus on boit, mieux on travaille ».

Aussi la première pensée du tâcheron, dès que sont élevés les quatre murs d'une maison, est-elle de faire installer *une cave,* une belle cave spacieuse que clôt une porte cadenassée. Le tâcheron place là sept, huit, dix pièces de vin. Il délègue un jeune ouvrier — apprenti ou garçon — aux fonctions de sommelier. Et les compagnons sont « invités » à « réparer leurs forces » moyennant espèces (ou plutôt *retenue sur la paye*), le plus souvent possible.

Le tâcheron qui eut le premier la belle idée d'introduire le cabaret sur le chantier même a droit aux honneurs d'une biographie. Son histoire est à la fois simple et magnifique. Elle mérite d'être offerte, sous l'aspect d'images grossièrement coloriées, en exemple aux enfants sages pour leur inspirer, sinon le goût des vertus, du moins celui du négoce.

M. R... vint du fond de la Bretagne à Paris, il y a quelque vingt ans. Il n'avait pour tout bien

que ses outils qu'il portait en un sac, sur son épaule, avec une paire de gros souliers ferrés.

Il entra comme ouvrier maçon chez un entrepreneur. Puis il fut promu *gigade* chez M. G... Le *gigade*, sur les chantiers du bâtiment, est un contremaître dont le rôle est d'aiguillonner incessamment les ouvriers. M. G... est l'un des entrepreneurs les plus considérables de Paris. Bientôt, le jeune R... — têtu, énergique, bon ouvrier — devint *tâcheron de ravalement,* au compte de M. G... C'est alors qu'il installa des caves sur les chantiers. Il le fit avec méthode : chaque fois qu'un litre sortait du tonneau, le sommelier devait l'inscrire sur un registre spécial avec le nom de l'acquéreur. Ainsi, M. R... — qui lui ne buvait pas — pouvait distinguer les francs buveurs, des « molassons » qu'un verre de vin effraie, et marquer aux premiers ses préférences.

Fructueuse idée ! Voici ce qu'elle rapportait, en une année, à l'ingénieux M. R... : le vin — pour la vente duquel il ne payait aucune patente — lui coûtait, rendu en ses caves — au Grand-Palais par exemple, ou dans les vastes immeubles voisins du Trocadéro, qu'il construisit — 0 fr. 30 le litre. Il le revendait 0 fr. 70 aux compagnons. Il employait 60 hommes tous les jours. Chacun d'eux consommait quotidiennement en moyenne (d'après le registre des sorties) trois litres de vin, aux *casse-croûtes* de huit heures, deux heures et quatre heures.

Soit un bénéfice quotidien de 60 × 3 × 0,40

= 72 francs. Soit un bénéfice annuel supérieur à 15.000 francs, journées de chômage déduites.

Aujourd'hui M. R... est riche. Sa fortune dépasse 500.000 francs. Il est l'associé de son ex-patron. Son histoire est morale car elle prouve que mieux vaut, pour réaliser une fortune, faire boire autrui que boire soi-même.

On ne sera pas surpris d'apprendre que l'idée de M. R... fut adoptée d'enthousiasme par d'autres tâcherons.

La coutume se généralisa d'installer sur les chantiers, avant tout, des cabarets... portatifs que les ouvriers achalandèrent par ordre.

Mais les tâcherons songèrent vite à exploiter d'une manière plus générale, en l'accaparant tout entière et en la stimulant, la puissance de consommation de leurs ouvriers. Ils s'établirent *cabaretiers-logeurs-nourrisseurs*. Et ils n'embauchèrent que les hommes logeant dans leur maison, y prenant leurs repas, s'y alcoolisant abondamment.

La vie à « la ferme »

C'est alors que les *fermes* commencèrent à pulluler à Paris, dans les XVe, IVe et V^e^ arrondissements. La *ferme* est la caserne des ouvriers du bâtiment (1). Non seulement le tâcheron, mais

---

(1) L'institution des *fermes* se rencontre aussi dans une autre corporation : celle des cordonniers de luxe. Mais les tenanciers semblent apporter plus de scrupules que leurs

les *maîtres-compagnons* sont tenanciers de *ferme*. Le *maître-compagnon,* sur un chantier du bâtiment non doté de tâcherons, est une sorte de directeur technique pourvu de pleins pouvoirs pour l'exécution de toutes les catégories de travaux. Son expérience est incontestée. Certains architectes ne veulent connaître que lui. C'est le grand maître de l'*embauche:* il recrute les ouvriers comme il l'entend et les renvoie de même; c'est une puissance redoutable.

Lorsque tâcheron ou maître-compagnon possèdent une *ferme,* ils veillent à n'engager que des célibataires : l'homme marié loge chez soi et dépense son salaire à sa guise. Les ouvriers admis sont invités — discrètement — à devenir les

---

collègues du bâtiment dans l'exercice de leur industrie. Les ouvriers cordonniers vont proposer leurs modèles au bottier de luxe qui leur confie des pièces de commande à fabriquer en chambre. Des rabatteurs racolent ces ouvriers et leur proposent de travailler en atelier commun : la tâche s'exécute plus gaiement que dans la solitude d'une chambre garnie et on s'instruit toujours au contact de collègues expérimentés. Dans ces ateliers, chaque ouvrier loue sa place à raison de 1 fr. 75 par semaine. Le loyer lui donne droit à un siège et à une table pour y déposer ses outils. Tout son outillage lui appartient : tranchet, alènes, manicles, etc. Or, le propriétaire de l'atelier, compagnon cordonnier lui-même, loge et nourrit les ouvriers à raison de 25 francs par semaine. Il leur offre d'étroites mansardes, fréquemment insalubres, qu'il faut occuper parfois à deux et à trois. Mais ses pensionnaires ne paient que un franc par semaine leur place à l'atelier et il s'ingénie à leur procurer de la besogne chez les bottiers, au détriment souvent des ouvriers indépendants qui se logent et se nourrissent à leur guise.

hôtes de leur chef, ou parfois, de la femme de leur chef : le tâcheron ou le maître-compagnon est, en ce dernier cas, un seigneur détaché des mesquines questions de comptoir : c'est sa femme qui « tient la ferme » (1). Mais, par un singulier hasard, le tâcheron ou le maître-compagnon chasse du chantier l'ouvrier que la cabaretière lui signale pour marquer peu d'enthousiasme « à faire marcher le commerce ».

Les tenanciers de *ferme* pratiquent le recrutement direct. Tous les ans, ils font venir de la province — Limousin, Marche, Auvergne et Morvan — de très jeunes hommes qu'ils hébergent. N'ont-ils pas d'argent pour faire le voyage? Le tâcheron avance 50 francs à chacun et porte cette somme « en compte ».

La *ferme* manque de confort. Elle manque même totalement d'hygiène : les hommes couchent par chambrée, cinq, six, dix, quinze en une pièce où quatre personnes disposeraient à peine du cube d'air nécessaire ; quand la literie fait défaut, on dort à deux par lit.

Mais quelle vie joyeuse on mène dans la *ferme!* Nous en avons visité plusieurs, dans le XVe arrondissement et dans les rues étroites du IVe (rues du Figuier, du Grand-Prévôt, de l'Hôtel-de-Ville),

(1) L'industrie des *fermes* est si rémunératrice que certains entrepreneurs n'hésitent pas à pratiquer eux-mêmes ce négoce et à se faire « marchands de soupe ». Signalons cependant qu'à la suite de l'énergique campagne des syndicats intéressés, le nombre des *fermes* a considérablement diminué.

grâce à l'obligeance de M. Thuillier, ouvrier ravaleur, alors secrétaire de l'*Union des Syndicats du département de la Seine,* qui nous a pilotés.

A sept heures, quand rentrent *compagnons* et *garçons* (on dénomme ainsi les aides), l'absinthe est servie d'office : inutile de la commander. Celui qui, au début, manifeste quelque hésitation à avaler le breuvage épais essuie tant de sarcasmes et de quolibets qu'il se met, tout honteux, au ton de l'assistance et évite de se singulariser, dans l'avenir, par une tempérance de mauvais goût.

Après le dîner, le torchon est passé sur la table, la patronne apporte les jeux : cartes et dominos, et les litres : « blanc » et « rouge » alternent harmonieusement.

Malheur à qui parle d'aller dormir ou de se retirer pour lire, ou même de sortir. Celui-là ne tardera pas à « ramasser son sac ». Il faut un vrai courage pour s'affranchir de la domination du tâcheron (1). Il est si facile de se laisser conduire; il est si bon de boire sans débourser un

(1) Il est intéressant de signaler, dans cet ordre d'idées, la tentative de quelques ouvriers maçons pour échapper à la servitude du cabaret : ils ont fondé à la *Maison commune du IVe arrondissement,* rue Charlemagne, une cuisine communiste qui fonctionne à la satisfaction de tous. Par cotisations, ils ont acheté l'indispensable batterie de cuisine. Ils rétribuent une cuisinière qui, sur leurs indications, prépare chaque jour leurs repas. Tous les soirs la dépense commune est réglée : chacun paye son écot. Ce procédé — qui donne aux ouvriers l'indépendance — leur permet de faire asseoir tous les jours à leur table quelques chômeurs sans ressources pour qui la « soupe des maçons » est une aubaine précieuse.

sou ! Car « la patronne marque » et ne demande pas d'argent. Elle marque en un livre dont elle seule connaît les mystères. Seulement, le samedi, quand son mari a « *fait le prêt sur le tas* » (la paye sur le chantier), elle invite gentiment : « A la caisse, les enfants ». Et « les enfants » rendent à la caisse du cabaretier l'argent qu'ils ont reçu de la main du tâcheron.

Ils ne se libèrent pas pour cela : le montant de leurs dettes dépasse généralement celui de leur salaire.

Nombre d'entre eux, quand ils viennent à manquer de vêtements, sans ressources pour en acheter d'autres, s'adressent à la patronne, qui, maternelle, leur en procure; le fripier n'est pas là pour les chiens. Et elle « marque ».

« Le tâcheron, dit la *Chambre Syndicale de la Maçonnerie, de la Pierre et Parties similaires du département de la Seine*, dans la brochure de combat : *Mort à la Pieuvre du Bâtiment*, qu'elle répand sur les chantiers, est un merveilleux spéculateur établi marchand de soupe et marchand de sommeil; il lui faut une clientèle sans risques, et quel meilleur moyen que de sous-traiter des travaux, même à vil prix, pour occuper ses clients forcés, leur donner toutes facilités pour consommer, *les y obliger sous peine de renvoi*, si bien que, quand arrive la paye, il est facile à ce marchand d'hommes de prouver à l'ouvrier qu'il est débiteur. »

Aussi le Syndicat de la Maçonnerie, comme

tous ceux de l'industrie du bâtiment, lutte-t-il avec une énergique ténacité pour arracher les ouvriers à l'exploitation du tâcheron. Il s'efforce de relever le niveau moral de la corporation, d'éduquer les travailleurs. Il essaie de leur inspirer l'horreur de l'alcoolisme: sur les chantiers où ses adhérents sont en nombre, le tâcheron doit renoncer à établir le cabaret. Si des syndiqués constatent qu'un compagnon se fait apporter fréquemment des boissons du dehors, ils brisent les litres pleins. La Chambre syndicale a installé pour ses adhérents quatorze bibliothèques dans Paris et les garnies d'ouvrages propres à élargir l'esprit et à fortifier le jugement.

Mais elle trouve dans les tâcherons, forts de l'appui moral et financier de la majorité des entrepreneurs, forts aussi du prestige dont, « bons garçons » et « bons vivants », ils bénéficient près de ces jeunes ouvriers auxquels ils assurent travail, nourriture, alcool, gîte (et parfois le reste), de rudes adversaires. Les habitants des *fermes* ne lisent pas les appels, ne répondent pas aux convocations, ne se rendent pas aux réunions corporatives. Ils travaillent comme des machines et boivent comme des éponges. Ils sont ainsi plus de 7.000 à Paris.

Et c'est pourquoi, résumant la pensée de ses confrères, M. D..., dit Cor de Chasse, tâcheron de sciage de pierre tendre et tenancier de *ferme*, disait aux délégués du Syndicat ces paroles profondes :

« *Tant que j'aurai des écuries pour les loger et des râteliers pour les faire manger, je ne craindrai rien de vous : ils ne me quitteront pas !* »

Combien, pourtant, de ces jeunes malheureux, épuisés par le surmenage et l'orgie grossière, quittent « écurie » et « râtelier » pour s'en aller dormir à la fosse commune de Pantin ou de Bagneux !

Les autres, dépourvus, naturellement, de la somme qu'il faut pour prendre le chemin de fer et regagner « le pays » quand viennent les deux mois de chômage, la reçoivent des mains du tâcheron. Sa femme « marque » toujours.

On remboursera à la campagne prochaine...

Ainsi, par l'alcoolisation et le travail intensif... d'autrui, le tâcheron-cabaretier s'achemine rapidement vers la fortune (1).

---

(1) La pratique du tâcheronat augmente le nombre des chômeurs: tel travail de ravalement qui, en 1882, assurait à trois hommes le pain quotidien durant deux mois, devait être « bâclé » en 1906 par le même personnel, par les mêmes procédés, avec des outils semblables, sous les ordres d'un tâcheron, en un mois.

Son influence sur la baisse des salaires se marque ainsi : en 1882, les salaires de la *série centrale*, établie d'un commun accord entre architectes et entrepreneurs parisiens, étaient fixés à 1 fr. 20 l'heure pour les *ravaleurs*. En 1906, les tâcherons étaient arrivés à faire tomber ces salaires à 0 fr. 90, soit une diminution de 3 francs par jour.

En 1882, le prix de série pour les tailleurs de pierre avait été fixé à 7 fr. 50 le mètre carré de pierre tendre. Les tâcherons le font tomber à 3 fr. 50 en 1906.

Le salaire que recevaient un briqueteur et son aide pour un mètre cube de maçonnerie en 1882 ne leur était plus

Les « Malfrats »

La fructueuse industrie qui consiste à alcooliser des ouvriers sous peine pour eux d'être privés de travail ne sévit pas à Paris seulement. Elle s'exerce dans le bassin métallurgique de Meurthe-et-Moselle, où les tâcherons de terrassement sont en majorité propriétaires de « pensions-cantines » ; ils engagent les ouvriers qui consentent à se loger et à se nourrir chez eux. Il n'est pas de travail pour les autres. Elle

---

payé en 1906 que pour l'édification de trois mètres cubes. Les salaires avaient été diminués des deux tiers.

Cet énorme rabais semblait d'autant plus cruel aux ouvriers que, dans le même laps de temps, le coût des objets nécessaires à la vie et celui des loyers s'étaient élevés considérablement.

La grande grève de 1906 eut pour conséquence de faire augmenter généralement les salaires.

Un autre danger très grave du tâcheronnat est que l'ouvrier travaillant pour un sous-traitant, même s'il n'est pas logé et nourri par ce dernier, n'est pas certain de recevoir son salaire. Grâce à d'habiles dispositions financières — notamment par l'artifice de la séparation de biens, par l'attribution à la femme de tout l'avoir de la communauté — le tâcheron est souvent insolvable. En un *Mémoire relatif au projet de loi portant interdiction du marchandage,* dont le caractère extrêmement sérieux et l'argumentation forte et méthodique impressionnèrent le ministre du Travail à qui il fut adressé, la *Chambre syndicale des Tailleurs de Pierre et Ravaleurs du département de la Seine* nous montra par le jeu de quel mécanisme judiciaire les ouvriers du tâcheron peuvent être dépouillés de leurs salaires sans recours.

Le tâcheron affirme que l'entrepreneur ne lui verse plus de subsides: en conséquence il ne peut payer les ouvriers.

s'exerce parfois indirectement : l'employeur, le maître de la besogne, ignore la cantine: c'est son frère qui la gère, ou quelque autre parent proche. Dans le Calvados, des fermiers versent une partie déterminée du salaire des moissonneurs sous forme d'alcool: un décalitre, dont l'ouvrier fait l'usage qui lui convient; il le consomme ou il le vend. Mais c'est à la première solution que vont généralement ses préférences.

Jusqu'au mois de mai 1909, c'est dans la grande banlieue de Paris qu'il fallait chercher l'exemple le plus éclatant qui fût d'alcoolisation voulue, raisonnée, calculée, d'ouvriers par leurs patrons.

Ceux-ci assignent entrepreneur et tâcheron devant le Conseil des Prud'hommes.

« L'affaire est appelée au bureau de conciliation, tous sont présents ; le sous-traitant reconnaît exacte la demande des ouvriers. Le président lui demande pourquoi il ne paie pas ce qu'il reconnaît devoir. Le sous-traitant répond que M. X..., entrepreneur, lui refuse de l'argent et qu'il ne peut payer.

« Le président s'adresse à M. X... — Vous entendez ce que dit votre sous-traitant ; pourquoi ne lui donnez-vous pas d'argent pour qu'il règle ses compagnons? — Monsieur le Président, j'ai sous-traité mes travaux à M. Z... à forfait; j'ai déboursé sur la somme convenue plus d'argent qu'il n'y a de travail exécuté. Je ne verserai d'argent à M. Z... qu'au fur et à mesure de l'avancement du travail qui reste à faire; quant à ces messieurs (les ouvriers), ce n'est pas moi qui les ai embauchés ; ce n'est pas moi qui les ai mis en œuvre, ce n'est pas moi qui leur fais les acomptes le samedi et ce n'est pas moi qui leur fais la paye à la fin du mois ; je ne leur dois rien et ne leur paierai rien.

« — Pardon, monsieur X..., vous êtes adjudicataire et, comme tel, responsable des salaires de tous les ouvriers embauchés pour édifier votre construction: votre devoir est

Cette situation s'est aujourd'hui transformée, mais il est utile de la rappeler pour montrer l'efficacité dans ce domaine d'une action syndicale persévérante.

Les carrières de pierre à plâtre qui constituent *le bassin de Paris* (Argenteuil, Cormeilles, Montmorency, Saint-Brice-Villetaneuse, Montmagny, Neuilly-Plaisance, Meaux, Soisy et quinze autres communes) et les usines dans quoi la pierre est calcinée, broyée et ensachée occupent environ cinq mille ouvriers.

---

de vous assurer que les ouvriers employés reçoivent intégralement leurs salaires.

« — Monsieur le Président, je paie régulièrement les ouvriers que j'embauche, mais, je le répète, ces messieurs ne travaillent pas pour moi, je ne les ai pas embauchés, je ne leur dois rien.

« — Alors vous refusez de payer ?

« — Oui, monsieur le Président.

« — Bien. A mercredi devant le Bureau général.

« Le mercredi suivant, l'audience publique est ouverte.

« — Affaire X... et Z... Les parties sont présentes.

« — Monsieur Z..., tâcheron, vous reconnaissez devoir les salaires réclamés par les demandeurs?

« — Oui, monsieur le Président.

« — Pourquoi ne payez-vous pas ?

« — Parce que M. X..., entrepreneur, refuse de me donner de l'argent.

« — Monsieur X..., vous avez refusé de donner à M. Z... l'argent nécessaire au paiement de ses ouvriers?

« — Oui, monsieur le Président: j'ai déjà versé à M. Z... plus d'argent qu'en l'état des travaux je ne lui en devais; c'est mon droit de lui en refuser maintenant. Quant aux ouvriers, je suis étonné qu'ils m'appellent ici: je ne leur dois rien. Voici mon marché avec le tâcheron.

« *Le Président.* — Le Conseil, après avoir pris connais-

Par leurs travaux, ils se divisent en deux catégories : les *carriers* et les *ouvriers des fours.* Les premiers percent les galeries dans la masse de pierre et les exploitent, ce sont les *caveurs,* qui travaillent debout quand ils attaquent les parois à l'aide de l'*aiguille,* pièce métallique montée sur un support de bois; qui travaillent couchés sur le flanc quand ils cavent avec l'*esse,* long pic à deux pointes; ce sont les *extracteurs,* qui percent à la *tarière* de profonds trous de mine et font

---

sance du marché passé entre MM. X... et Z... et avoir entendu les parties dans leurs dires et conclusions, attendu etc.........

« .... Le Conseil, après avoir délibéré conformément à la loi, met M. X... hors de cause et condamne Z... à payer à M. A..., ouvrier, la somme de...... plus les frais.

« Ainsi pour chaque compagnon. Jugement. »

Comme M. Z... est insolvable et que l'entrepreneur principal est mis hors de cause les ouvriers perdent purement et simplement leurs salaires.

En septembre 1909, une grève formidable — occasionnée par les méthodes des tâcherons — paralysa entièrement à Paris l'industrie du bâtiment. Déclarée par les maçons et les tailleurs de pierre, bientôt suivis des briqueteurs, charpentiers en fer, monteurs-levageurs, ravaleurs, scieurs de pierre, menuisiers, cette grève fit descendre, au cri de « A bas le tâcheronat ! » 25.000 travailleurs des échafaudages. Les entrepreneurs accordèrent aux ouvriers la suppression partielle du travail à la tâche. Mais ce ne fut là qu'une satisfaction apparente : les tâcherons continuèrent leur trafic en l'abritant quelquefois sous le masque d'une fallacieuse coopération. En juillet 1911, la Fédération des Travailleurs du Bâtiment tenta un nouvel effort : la grève générale qu'elle proclama pour la conquête de la journée de neuf heures et la suppression du tâcheronat dura dix jours. 60.000 ouvriers y prirent part; ils réintégrèrent les chantiers sans avoir obtenu satisfaction.

sauter les blocs par la poudre Favier; ce sont les *chargeurs*, qui cassent la pierre et en emplissent des wagonnets à destination des usines. Une voie ferrée relie aux fours les carrières — enfoncées parfois de 20 et de 30 mètres sous terre. Les ouvriers des fours ont pour mission de cuire la pierre entre trois murs de maçonnerie grossière : ils emplissent ce fourneau de couches alternées de coke et de pierre. Le gypse calciné, ils le soumettent à l'action des meules qui le broient, en un épais dégagement de poussière que ne vient contrarier — malgré la loi de 1892 — aucun appareil protecteur; ils en surveillent l'ensachage, parmi un véritable brouillard blanc, sans qu'il leur soit remis aucun masque respiratoire — malgré le décret du 29 novembre 1904.

Ce sont les ouvriers des fours surtout qui comptaient, avant la transformation de 1909, parmi les plus misérables, les plus déchus des travailleurs. Le recrutement de ces ouvriers était d'une singulière variété. Chemineaux las d'errer, « biffins » las de « chiffonner », « déclassés » de toutes professions, étudiants, avocats, médecins, officiers qui avaient eu des malheurs, notaires récemment libérés de Poissy ou de Melun pouvaient trouver « l'embauche » dans les plâtrières. Ils allaient vêtus de deux *sacs :* l'un tenait lieu de pantalon, l'autre de veste. On les nommait dans le pays les *malfrats* ou les *nez-blancs.* Comme ils n'avaient pas d'argent pour coucher à l'auberge, ils dormaient *sur les fours à plâtre,* déplaçant les pierres pour former *une niche ;* ils étendaient un sac sur la niche et le lit était dressé à la « belle étoile ». Il arrivait que des émanations d'oxyde de carbone, provenant du four, endormaient définitivement les *malfrats* pendant la nuit.

— Mais, se demandait-on, pourquoi ces hommes n'avaient-ils point la petite somme d'argent qui leur eût permis de dormir en un lit, comme tout le monde ? Ne recevaient-ils aucun salaire, pour ces travaux durs et malsains?

Pardon, ils étaient payés 30 centimes à l'heure; les *extracteurs* recevaient 45 centimes. Travaillant treize heures par jour durant la belle saison, les ouvriers eussent été à même de se nourrir, de se vêtir et de se loger, grâce à ces salaires... s'ils en avaient touché le montant en monnaie légale. Mais beaucoup de propriétaires de carrières et de fours avaient installé des *cantines* pour chaque chantier. La cantine vendait surtout de l'eau-de-vie, un effroyable « tord-boyaux » qu'obligatoirement l'ouvrier devait consommer sous le nom de *gobette,* et de gros vin d'Aramon, connu sous le vocable de *Barlatta.* La *gobette* était servie d'office aux *malfrats* deux fois par jour. Tant pis pour celui qui préférait manger son pain sec, le prix de l'eau-de-vie — 0 fr. 40 — était néanmoins porté à son compte. La cantine vendait aussi la nourriture. Et quelle nourriture ! Le poisson qui la veille et l'avant-veille n'avait pas trouvé d'acheteurs, le boudin et la saucisse que le charcutier proposait à vil prix pour n'être pas contraint de les jeter; tant pis encore pour le « client » que cette pâtée rebutait: le jour où il y avait à la cantine boudin ou poisson, on n'y trouvait pas d'autres mets. Pour obliger les « malfrats » à achalander les cantines, et les cantines exclusivement, les propriétaires payaient les salaires en une *monnaie spéciale* de cuivre et de zinc, qu'ils faisaient frapper *à leur nom* et qui n'avait cours — est-il utile de le dire? — que dans leurs cantines. Sur l'une des faces figurait la raison sociale du fabricant ou ses initiales, sur l'autre la valeur de la pièce.

Ces jetons étaient appelés par les ouvriers *monnaie de Cayenne* (1).

---

(1) L'emploi de la *monnaie de Cayenne* paraissant absolument illégal, nous avons demandé en juillet 1909 aux ministères du Travail et des Finances pour quelle raison les inspecteurs du Travail comme ceux des Finances le toléraient avec longanimité.

Il nous fut répondu :

— Malgré tout notre désir de faire cesser l'usage scandaleux des jetons, nous n'avons pu les considérer comme une *monnaie particulière,* et par conséquent illégale. Les industriels, interrogés par les préfets, ont déclaré :

« Nos jetons ne sont pas une monnaie, mais de simples *bons de nourriture,* comme en vendent toutes les œuvres philanthropiques. Nous sommes bien libres de fournir à nos ouvriers des acomptes sous forme de nourriture ? S'ils avaient droit, à la fin du mois, à un excédent de salaire, nous le paierions en argent. Tous nos fournisseurs sont réglés en monnaie légale. Mais nos ouvriers sont payés en nourriture. Aucune loi ne nous le défend. »

« Certains résultats, obtenus en province contre l'usage

Rétribués en « monnaie de Cayenne », les travailleurs ne pouvaient donc s'adresser qu'au cabaret-cantine. Cet établissement surélevait tous les prix :

Un litre de vin (vendu 0 fr. 50 chez tous les épiciers détaillants de Paris) était imposé aux ouvriers à raison de 1 franc.

Une portion (servie à 0 fr. 40 dans les restaurants populaires parisiens qui ont à acquitter une patente, de nombreux impôts) était comptée 0 fr. 50.

Un kilo de pain (0 fr. 38 au cours moyen) valait 0 fr. 50.

Tout était à l'avenant.

Voilà pourquoi les malheureux ouvriers plâtriers, dont tout le salaire restait au cabaret-cantine, ne pouvaient se vêtir ni se loger.

En mai 1909, excédés, ils finirent par déclarer la grève. Ils réclamaient le paiement en argent, la suppression du cabaret-cantine. Le mouvement partit d'Argenteuil, gagna Cormeilles le

---

de la *monnaie de Cayenne*, l'ont été par des préfets énergiques, qui procédaient par intimidation (tel celui des Landes à l'égard d'un patron résinier). Les industriels de la région parisienne, ne se laissant pas intimider, nous trouvent désarmés. »

Depuis cette époque, la loi du 7 décembre 1909, en imposant l'obligation de payer les salaires en argent, a fait cesser l'usage *avoué* de la « monnaie de Cayenne ». Cette loi avait été votée par la Chambre le 13 décembre 1898. Il fallut donc onze années pour obtenir un vote définitif du Parlement.

lendemain; en quarante-huit heures, il s'étendit à tout le bassin.

Rien de plus émouvant que les défilés des grévistes, en haillons, décharnés, tout blancs de plâtre. Leur condition apparaissait si misérable, leurs revendications si justifiées, que les habitants de toutes les communes intéressées par la grève se déclarèrent en leur faveur — et pourtant les calmes populations de Seine-et-Oise marquent généralement une méfiance hostile aux mouvements de grève.

Les souscriptions abondèrent pour alimenter les « soupes communistes ». A l'unanimité, les maires de vingt-trois communes situées sur le champ de grève refusèrent l'offre de troupes et de brigades de police qui leur fut faite. La plupart des conseils municipaux votèrent des secours aux grévistes.

En présence de la réprobation générale, les propriétaires parurent céder : ils augmentèrent de dix centimes les salaires, qu'ils s'engagèrent à payer en argent. L'accès des cantines devint facultatif. Trois jours après la signature de l'accord, huit propriétaires reprirent leur parole. La grève menaça : les propriétaies capitulèrent.

L'Action du Syndicat

Aujourd'hui, un syndicat groupe quatre-vingts pour cent des ouvriers carriers et des ouvriers des fours. Cette oganisation a élaboré un contrat de travail que les patrons, syndiqués eux-mêmes, ont accepté et qui règle les rapports entre salariés et employeurs de l'industrie plâtrière dans les départements de la Seine, de Seine-et-Marne et de Seine-et-Oise. La rétribution des ouvriers, effectuée exclusivement en argent, n'est pas inférieure à 0 fr. 55 l'heure (*ouvriers d'usine*), ni supérieure à 0 fr. 70 (*caveurs-boiseurs*). La journée de travail est fixée à onze heures. L'article 10 fait honneur à l'esprit de solidarité de ces ouvriers, acquis de la veille aux méthodes d'organisation et de défense commune : « Pendant l'hiver, dit-il, une entente s'établira entre les délégués des syndicats ouvriers et les différents patrons pour atténuer le chômage par une réduction des heures de travail. » Ainsi, chacun est assuré d'une part de besogne et de salaire. Enfin, l'article 5 interdit « de façon absolue aux patrons, directeurs, chefs de chantier, d'installer des cantines près des usines ou carrières ».

Ce contrat est scrupuleusement observé. Aussi la corporation des travailleurs du plâtre présente-t-elle un exemple saisissant de relèvement moral. Les ouvriers se sont fixés dans le pays, ont fondé des familles, l'alcoolisme a diminué dans de considérables proportions. Les carriers sont tous professionnels qualifiés ; les « passagers » sont moins nombreux aux fours.

Les cabarets joyeux

Mais il est des incorrigibles. Pour ceux-là se sont élevés, dans la plaine, des cabarets-cantines qui retiennent leurs clients par la persuasion, puisque le temps de la contrainte est passé. On y mange, on y boit, on y joue, on y dort. Des appareils à sous offrent leurs jeux d'adresse au consommateur. Un phonographe est fixé au comptoir; le patron pousse un décime dans la fente, la musique joue, met en gaieté les hommes, et c'est à qui viendra placer deux sous dans la machine tapageuse pour qu'elle ne cesse pas de débiter les pauvretés des concerts ou les airs héroïques des musiques militaires. Les servantes empressées couvrent les tables de bouteilles. Leur empressement tombe net quand le compte du buveur équivaut à son salaire quotidien : 5 fr. 50 ou 6 francs. Le patron, bonasse, dit alors à son client :

— Tu en as assez pour aujourd'hui, mon vieux, va te coucher :

Car il n'aime pas à faire crédit.

Certains boivent jusqu'à leur dernier sou, tous les jours, sans se préoccuper d'épargner le prix d'une mansarde. Ceux-là vont se coucher sur les fours à plâtre, avec la *malfraisie*.

La nuit sur les fours

Car il est encore des *malfrats !* De vieux ouvriers des fours ont réprouvé l'hygiénique révolution qu'apporta le syndicat dans les conditions de travail; ils ont regretté l'heureux temps où ils allaient vêtus de sacs; où la *barlatta* coulait sur les chantiers; où dans les cantines on buvait jusqu'à tomber sur la terre nue, les jambes fraternellement posées sur la tête d'un camarade ivre-mort ! Puissance de l'habitude qui confère un charme aux objets les moins séduisants, aux situations les plus misérables. Ils regrettent le régime qui ne leur laissait jamais un sou vaillant après le travail. Et plutôt que d'admettre les conditions nouvelles, la paie tous les quinze jours et le « prêt » quotidien, ils ont abandonné le métier. Maintenant, ils « chiffonnent ». Tous les matins, ils visitent les tas d'ordures et en retirent des os, des ferrailles, des chiffons qui leur procurent les dix sous nécessaires à leur vie. Ils ne s'alimentent guère que de croûtes de pain et de fromage. Avant dix heures, leur journée de travail est achevée. Alors, ils errent et chez les débitants vident « les petits pots » qui représentent des mesures d'eau-de-vie, quelle eau-de-vie !

Le soir, ils se rejoignent sur les fours à plâtre.

Le sommet de chaque four est abrité par un toit, on dirait une succession de hangars couverts mais non enclos. Sur le lit de pierre que le feu ronge par-dessous, on est bien, on a chaud. Des fumées blanches sourdent des interstices et se balancent légèrement sous le vent : c'est le suffocant oxyde de carbone que produit la combustion du coke. On domine toute la banlieue heureuse : Neuilly-Plaisance, Rosny-sous-Bois, Le Perreux, Neuilly-sur-Marne, La Maltournée et, plus loin, Gournay et Chelles. Des centaines de villas s'allument parmi les masses sombres des feuillages. La vallée est toute ponctuée de lumières. Des ombres se hâtent vers les fours à plâtre, des marchands de mouron qui traînent leurs petites charrettes, des chemineaux, des gens à veston qui ont le collet relevé pour masquer l'absence de linge. Passent aussi, culottés de velours, des ouvriers de l'usine ou de la carrière, des vrais, qui couchent là.

Parfois, des jurons, des grondements : un habitué trouve « sa place » occupée. Bataille. Certaines nuits, les fours d'une seule usine réchauffent 280 sans-gîte. Ils forment des groupes sombres sur le blanc-gris des pierres. Ils dorment à poings fermés, car les vapeurs de la cuisson provoquent le sommeil. D'autres veillent, ils causent longtemps autour d'une bougie, en face d'un litre de vin.

— Combien que tu as fait, aujourd'hui ?

— Douze sous ! Et toi ?

— Huit sous ; mets quatre sous, j'en mets deux, on boira un litre...

Certains, des raffinés, pénètrent dans la *chambre à plâtre* de l'usine. C'est la pièce où le gypse, cuit et broyé, monte au sortir des tamis. Il y fait plus chaud que sur les fours, et la couche de poussière blanche, fine, ténue comme la farine, est douce délicieusement. Ceux-là dorment si bien, la tête émergeant seule du monticule de plâtre, qu'ils ne s'éveillent pas au jour. L'usine se remet au travail. Le plancher de la chambre est percé d'ouvertures où s'amorcent les *goulottes:* ce sont les conduites par quoi le plâtre tombe dans les sacs. Miné, le monticule s'effondre. L'ouvrier, blanc de la tête aux pieds, qui veille à l'ensachage, s'aperçoit que, de certaine goulotte, le plâtre ne coule plus. Il passe la main et il rencontre un bras d'homme. C'est le dormeur, étouffé sous l'éboulement, qui, de son cadavre, obstrue la conduite.

Plus d'un, sur les fours, ne s'éveille pas au jour. Quand l'heure est venue de visiter les poubelles, le premier homme debout appelle son voisin d'un coup de pied. Si le voisin ne répond pas, l'homme, insouciant, s'en va. Et c'est le chef de chantier qui, faisant, à six heures, sa tournée, secoue en vain ces dormeurs entêtés. Ils sont morts asphyxiés durant leur sommeil par l'oxyde de carbone. On met les cadavres dans un coin, on jette un sac sur leur visage et l'on prévient la mairie. La mairie a l'habitude : le gardien du cimetière arrive, traînant une voiture à bras, charge le mort et, après de brèves formalités, va le jeter dans le trou. Au cimetière de Neuilly-Plaisance, il y a un coin réservé à ces morts-là. De 1906 à 1909, dans le seul arrondissement de Pontoise, 54 hommes périrent asphyxiés.

Toutes les nuits, des femmes et des enfants couchent sur les fours à plâtre.

Il est défendu de coucher sur les fours à plâtre, formellement défendu (décret du 4 avril 1910). Les gens qui s'y endorment à jamais meurent en état de contravention.

Mais les gendarmes marquent une répugnance à faire des rafles sur les fours à plâtre : ces contrevenants bénéficient de leur indulgence.

— C'est très bien de leur interdire de coucher là, mais il faudrait pouvoir leur indiquer un autre endroit où ils pourraient dormir sans risques...

Cet endroit, on ne le connaît pas. Pour entrer à l'asile de nuit, il faut faire queue deux heures, et il n'entre pas dix sans-gîte sur cent. Dormir sous les ponts est impossible en hiver. L'interdiction du 4 avril 1910 est la seule marque officielle d'attention que la société ait donnée aux couche-dehors.

Alors, ne vaut-il pas mieux mourir dans la tiédeur douce de la pierre, mourir « au chaud » comme les gens qui ont une chambre et un lit, qu'agoniser longtemps au fond d'un fossé glacé?

LE CABARET-PLAÇEUR

Pendant vingt-cinq années, les organisations ouvrières demandèrent la suppression des bureaux de placement payants qu'elles accusaient de spéculer sur le chômage et d'exercer une tyrannie cupide sur les employés comme sur les patrons. Obtenue enfin en 1904, la suppression a été réalisée, en principe, dans quelques villes et pour quelques corporations. Mais cette satisfaction donnée à la morale publique, l'interprétation de la loi a été telle, qu'elle se trouve profiter surtout au cabaret, par la constitution des sociétés fictives substituées aux placeurs. Le législateur n'avait pas prévu qu'il créait ainsi un remarquable instrument de propagande alcoolique.

La lutte ouvrière contre les Bureaux de Placement

Les bureaux de placement payants furent autorisés pour la première fois par ordonnance consulaire du 20 février 1804. Ils ne tardèrent pas à provoquer de vives colères parmi les ouvriers, en raison de leur fonctionnement. Le placeur prélevait un double droit — *droit d'inscription* et *droit de place* — sur le patron qu'il fournissait d'employés, sur l'employé ou l'ouvrier qu'il fournissait d'emplois. Généralement, la taxe due par ces derniers, indépendamment du droit d'inscription, était proportionnelle au salaire. L'intérêt du placeur étant d'effectuer le plus grand nombre de placements possible, cet industriel se souciait peu d'adresser au patron, son client, l'employé qui eût rempli convenablement l'emploi. De telle sorte qu'employeur et employé devaient se séparer bientôt et acquitter de nouvelles taxes entre les mains du placeur. Ce système étant généralisé, ouvriers et patrons n'abandonnaient un bureau de placement que pour retrouver en un autre les procédés dont ils avaient pâti. Les patrons des commerces d'alimentation : boulangers, bouchers, crémiers, marchands de comestibles, ainsi que les coiffeurs, se trouvaient particulièrement assujettis aux placeurs qui exerçaient aussi la profession de *marchands de fonds*. Force était donc de ménager ces intermédiaires redoutables de qui dépendaient l'achat et la vente des boutiques.

Dès 1848, sous le régime républicain, le préfet de police Caussidière supprimait les bureaux de placement après pétition des ouvriers, mais on les rétablissait le 25 mars 1852, au lendemain du coup d'Etat. Pendant toute la durée de l'Empire, ouvriers et employés protestent contre ces officines, mais leurs protestations manquent de cohésion ; elles ne sont pas écoutées. Pourtant, une ordonnance du 16 juin 1857 interdit aux placeurs de prélever sur les chômeurs le *droit d'inscription.*

En 1881, une pétition couverte de milliers de signatures demande à la Chambre la suppression des bureaux de placement. En 1888, exaspérés par un chômage d'une durée exceptionnelle dont ils rendaient responsables les placeurs — ceux-ci s'étant coalisés pour réserver toutes les places vacantes à de jeunes ouvriers recrutés dans les départements et laisser inactifs les ouvriers parisiens — les ouvriers coiffeurs organisèrent un vaste mouvement. Des bagarres éclatèrent devant l'Hôtel de Ville; le 30 septembre, une bombe faisait sauter le bureau de placement de la rue Chénier.

Le conseil municipal, auquel la loi de 1852 réservait le droit d'autoriser la création de nouveaux bureaux, émit un vœu favorable à la suppression, et à partir de ce moment aucune nouvelle autorisation ne fut accordée. L'agitation cessa. Elle reprit en 1891.

La Ligue pour la suppression des Bureaux de placement, fondée à Paris, multiplia les démarches auprès des pouvoirs publics, les meetings, les affiches, les rapports. Une enquête administrative fut ouverte à Paris et en province sur les bureaux de placement; la presque unanimité des préfets admit la légitimité des griefs que ces offices provoquaient. Les propositions de loi portant suppression ou réglementation des bureaux se succédèrent au Parlement, mais sans aboutir. En 1903, l'agitation devint des plus violentes. Le 21 octobre, des coiffeurs en chômage, entassés dans la salle trop exiguë du bureau de la rue Villedo, brisent les bancs, se forment en une colonne qui parcourt les boulevards et se rend à la Bourse du Travail. La même scène se renouvelle le lendemain, chez nombre de placeurs. Des affiches violentes couvrent les murs de Paris, des meetings se tiennent chaque soir dans les quartiers ouvriers. Le 29 octobre, une réunion générale de tous les chômeurs groupe dix mille hommes à la Bourse du Travail. Ils jurent d'obtenir la suppression des bureaux de placement. Des forces de police considérables entourent l'édifice. Les officiers de paix, le préfet de police s'affolent, la Bourse est envahie par les agents. Des huées les accueillent. Ils mettent sabre au clair. Une mêlée s'engage. Trois ouvriers sont grièvement blessés. L'un d'eux, Lafond, meurt quelques jours après. L'émotion dans toute la France est profonde. Le 30 octobre, une vive interpellation à la Chambre met en péril le ministère Combes. Il n'obtient un vote de confiance qu'en annonçant le dépôt, le jour même, par la Commission parlementaire, du projet de loi qui supprime les bureaux de placement. La Chambre déclare l'urgence, et en une seule séance — 3 novembre — le projet est discuté et voté.

Ainsi depuis vingt-deux ans, les intéressés ne cessaient de réclamer une législation nouvelle; rien ne s'était fait. De violentes manifestations dans la rue, et la loi est rédigée, déposée, adoptée en deux jours, non compris le dimanche intercalaire.

Avant de se prononcer, le Sénat veut recueillir l'avis des organisations ouvrières. Elles refusent cet avis en déclarant que la cause est entendue depuis longtemps et qu'une telle consultation n'a d'autre objet que de retarder le vote du projet.

Le 29 janvier 1904, le Sénat vote la loi, mais en apportant des modifications notables au texte de la Chambre. Il se contente de consacrer le principe de la *gratuité* du placement pour les employés et ouvriers en laissant aux municipalités la faculté de supprimer les bureaux. Le 9 mars, la Chambre vota le nouveau texte (1) qui fut promulgué le 14.

Trois dispositions de cette loi sont à noter pour la compréhension de ce qui suit :

Article premier. — A partir de la promulgation de la présente loi, les bureaux de placement payants

---

(1) L'historique du mouvement contre les bureaux de placement a été écrit en une brochure claire et solidement documentée, *La Fin d'un Privilège*, par l'un des plus actifs artisans de la réforme, M. Luquet, alors secrétaire général de la *Fédération des Ouvriers coiffeurs de France*.

pourront être supprimés moyennant une *juste* indemnité.

Art. 2. — Les bureaux de placement gratuits créés par les Municipalités, par les Syndicats professionnels ouvriers, patronaux ou mixtes, les Bourses du travail, les compagnonnages, les Sociétés de secours mutuels et toutes autres associations légalement constituées ne sont soumis à aucune autorisation.

Art. 8. — Aucun hôtelier, logeur, restaurateur ou debitant de boissons ne peut joindre à son établissement la tenue d'un bureau de placement.

Le Conseil Municipal de Paris décida l'application immédiate de l'article 11 de la loi qui visait l'indemnisation des bureaux supprimés et vota, dans ce but, une somme de 1.500.000 francs pour indemnités aux tenanciers de bureaux de placement particuliers. Cette somme ne permettait d'indemniser qu'un petit nombre de bureaux. Elle fut affectée à la suppression de ceux-là seulement qui avaient donné lieu à du bruit dans la rue, c'est-à-dire aux bureaux du commerce et des industries de l'alimentation ainsi qu'à ceux des coiffeurs. Telle fut pour Paris la seule application de l'article 11 ; elle laissa subsister 213 bureaux sur 275.

Aussitôt, syndicats patronaux et syndicats ouvriers se préoccupèrent d'organiser le placement gratuit prévu par l'article 2, et les mairies ouvrirent des offices de placement, conformément à l'article 4.

Les sociétés « philanthropiques »

De leur côté, les placeurs indemnisés s'empressèrent de tourner la loi et de continuer leur industrie sur des bases nouvelles. Ils fondèrent, avec le concours d'amis, d'employés ou de parents, de prétendues *Sociétés de placement mutuel* ou des *Sociétés philanthropiques* dont le siège social fut souvent les anciens bureaux de placement eux-mêmes. Constituées sur une simple déclaration, conformément à la loi du 1er juillet 1901, ces associations font le placement de leurs adhérents moyennant le payement d'un *droit d'entrée* et d'une cotisation mensuelle de deux francs au moins.

Rien n'est changé au régime d'autrefois, si ce n'est que, conformément à l'article 11 de la loi, aucun droit de placement n'est prélevé sur les employés (1). Mais ils acquittent leurs droits d'entrée et leurs cotisations mensuelles dont le montant dépasse généralement la taxe primitive. Les employés du bureau de placement supprimé avec indemnité travaillent dans les bureaux de

(1) Nombre de bureaux de placement — et non des moindres — procèdent ainsi, pour prélever un droit sur le salarié : ils ont à pourvoir d'un employé un poste de 150 francs par mois — « La place, disent les tenanciers au salarié, est de 125 francs pour le premier mois ; dès le second, vous serez augmenté et toucherez 150 francs. » La différence de 25 francs sur le premier mois est versée au placeur.

la société nouvelle. Employés et patrons ne s'adressent pas aux bureaux municipaux créés en vertu de l'article 4 (1); nombre de patrons marquent une répugnance à s'adresser aux offices de placement des syndicats ouvriers; ils restent les « clients » de la société de placement qui a succédé à leur placeur attitré. Aussi les prétentions de ces industriels, qui ont accueilli comme un magnifique cadeau les indemnités que leur a versées la Ville de Paris, se sont-elles faites exorbitantes. La somme de 1.500.000 francs que l'administration municipale a consacrée au rachat des bureaux de placement de l'alimentation se trouvera dépassée de plus d'un million au règlement définitif : nombre de placeurs refusent d'accepter les indemnités offertes et se pourvoient devant le Conseil de Préfecture. N'a-t-on pas vu le tenancier d'un bureau de placement pour boulangers réclamer à la Ville de Paris l'allocation de *six cent mille francs* pour transformer son officine en « Société philanthropique » !

(1) De l'enquête que nous avons faite dans les mairies parisiennes, il résulte que les *femmes de ménage* sont placées par les soins des bureaux municipaux ainsi que les petits commis de boutique. Et encore, les femmes de ménage « affichées dans les mairies » sont-elles l'objet de la suspicion des maîtresses de maison qui engagent de préférence les femmes recommandées par leurs fournisseurs, bouchers, boulangers, crémiers ; ces commerçants remplissent sans rétribution l'office de placeurs pour cette catégorie d'ouvrières.

Le liquoriste maître des emplois

Le commerce des nouvelles sociétés de placement devint si profitable qu'elles pullulèrent à Paris. Sur 275 bureaux payants qui fonctionnaient lors de la promulgation de la loi, la Ville en supprima 62 le 3 juin 1904. Depuis cette date jusqu'à ce jour, *trois cents* sociétés « *philanthropiques* » de placement ont fait à la Préfecture la déclaration prévue par la loi. Plus de *six cents* autres groupements illicites, qui n'ont fait aucune déclaration, fonctionnent chez les marchands de vin; la moitié des associations déclarées ont aussi leur siège officiel dans des cafés. La majorité des associations nouvelles s'est donc établie au cabaret. Cependant l'article 8 de la loi du 14 mars 1904 interdit le cumul des commerces de vin et d'emplois. Mais l'ordonnance de police du 10 juin 1904 lui donne la légalité.

ARTICLE 8
de la loi

Aucun hôtelier, logeur, restaurateur ou débitant de boissons ne peut joindre à son établissement la tenue d'un bureau de placement.

ARTICLE 11
de l'ordonnance du Préfet de Police

L'article 8 de la loi du 14 mars 1904, interdisant à tout hôtelier, logeur, restaurateur ou débitant de boissons de joindre à son établissement la tenue d'un bureau de placement, les associations qui auraient établi leur office de placement chez l'une des personnes visées audit article ne sauraient y être tolérées que si le tenancier de l'établissement ne s'occupe en aucune façon de la gestion du bureau de placement fonctionnant dans son local.

Elles devront désigner un délégué spécial chargé du placement. En aucun cas, ce délégué ne pourra être l'hôtelier ou le débitant, même si celui-ci fait partie de l'association en question.

Au premier abord, en comparant les deux textes, on éprouve quelque surprise. La loi prononce une interdiction formelle, et l'ordonnance qui intervient pour appliquer cette loi autorise explicitement ce que celle-ci interdisait.

Nous avons demandé aux services intéressés de la Préfecture de Police ce qui motiva cette interprétation de la loi en un sens exactement opposé à sa lettre comme à son esprit. Ils nous ont renvoyés à la discussion de l'interpellation de MM. Landrin, Fribourg et Rozier, devant le Conseil municipal, le 5 décembre 1904.

En mars 1904, au lendemain du vote de la loi, une *Société compagnonnique* d'ouvriers boulangers déclarait à la Préfecture de police ouvrir, chez un marchand de vins, un bureau de placement. La Préfecture refusa d'enregistrer cette déclaration qu'elle tenait pour contraire à la loi. Aussitôt, M. Fournier, député du Gard, écrivit au préfet pour l'avertir qu'au cours de la séance de la Chambre du 3 novembre 1903 il avait déposé un amendement à la loi tendant à permettre aux sociétés compagnonniques qui plaçaient leurs adhérents, de siéger chez les marchands de vins. Le président de la Commission et le rapporteur lui avaient affirmé alors que la loi autorisait l'établissement d'un tel siège social. Le Préfet consulta le ministre du Commerce, compétent en l'espèce; celui-ci déclara interpréter la loi selon les vues de M. Fournier. Il rendit publique cette appréciation dans une lettre qu'il adressa au *Secrétaire général de la Chambre syndicale des Ouvriers boulangers de la Seine,* et que le *Bulletin de l'Office du travail* publia.

En voici quelques passages :

« Au cours des débats parlementaires, M. Rudelle, député, avait déposé un amendement à l'article 8, tendant à ajouter à cet article les mots suivants : « à moins que ce soit un bureau de placement gra- « tuit, dépendant d'un syndicat professionnel, d'un « compagnonnage, d'une société de secours mutuels « ou de toute autre association indiquée à l'arti- « cle 2 de la présente loi. » Et M. Rudelle disait, à l'appui de sa proposition : « Si vous empêchez les « bureaux de placement gratuits, dépendant soit des « syndicats, soit des sociétés de compagnonnage ou « de secours mutuels, de se tenir dans un hôtel, chez « un logeur, chez un restaurateur ou chez un débitant « de boissons, vous paralyserez d'une manière com- « plète l'action de ces bureaux de placement. »

« M. Fournier déposait un autre amendement à l'article 8 dans le même sens, et ainsi conçu : « Cette « disposition ne pourra, en aucun cas, s'appliquer « aux associations énumérées à l'article 2, qui pour- « raient avoir leur siège dans l'établissement d'un « hôtelier, logeur, restaurateur ou débitant de bois-

« sons. » Et il ajoutait : « Lorsque j'ai pris connais-
« sance de l'article 8 du projet de la commission, j'ai
« été frappé par sa sécheresse, et je me suis demandé
« si les syndicats, les sociétés de compagnonnage ne
« pourraient pas être victimes d'une équivoque juri-
« dique possible. Ce sont surtout les sociétés compa-
« gnonniques qui seraient atteintes; elles sont mal-
« heureusement trop peu connues. Ce sont des socié-
« tés jouissant de leur autonomie complète; elles ont
« dans de nombreuses villes de notre pays ce
« qu'elles appellent des mères compagnonniques, et
« généralement cette mère est la femme d'un ou-
« vrier invalide, d'un ouvrier blessé, qui a été dési-
« gnée par la société elle-même pour tenir l'établisse-
« ment compagnonnique. La gestion de la société et
« la gérance de l'établissement sont absolument dis-
« tinctes, c'est la société qui fait le placement; il n'y
« a donc jamais aucune confusion entre la qualité de
« propriétaire, de restaurateur, et la qualité de so-
« ciété ouvrière qui appartient à l'organisation com-
« pagnonnique. Si nous acceptons l'article 8 tel qu'il
« est rédigé, il pourrait se trouver des tribunaux qui
« diraient : dès lors qu'aucun logeur, aucun hôtelier
« ou aucun restaurateur ne peut tenir un bureau de
« placement, la société compagnonnique ou le syn-
« dicat ne peut plus occuper le local où il était avant
« l'application de la loi. Il pourrait en résulter une
« grave atteinte aux organisations ouvrières qui,
« dans un grand nombre de villes, ne peuvent dis-
« poser ni d'une Bourse du travail, ni d'un syndicat
« sérieusement organisé et disposant d'un local. »

« Le président de la commission demanda à la Chambre de repousser ces amendements et dit: « Du
« moment où l'article ne défend pas expressément à
« une association faisant du placement de se tenir
« chez une des personnes visées à l'art. 8, elle le per-
« met implicitement et le texte de nos collègues n'au-
« rait d'autre effet que de donner lieu peut-être à

« des fraudes contre la loi ou, tout au moins, que « d'en alourdir inutilement le texte. »

« Et le rapporteur, à son tour, ajoutait: « Il ne « viendra à l'esprit de personne de supposer que, « lorsqu'un syndicat, un compagnonnage, une société « de secours mutuels, n'ayant pas de locaux pour se « réunir, se réunira dans un des établissements visés « par l'article 8, on intentera des poursuites contre « le propriétaire ou le tenancier dudit établisse- « ment. »

« Après ces déclarations, MM. Rudelle et Fournier retirèrent leurs amendements.

« Il résulte nettement des textes que je viens de rappeler, que c'est à l'hôtelier, logeur, etc., qu'il est interdit de tenir un bureau, et qu'il n'est pas entré dans l'esprit du législateur d'interdire à une société compagnonnique, ni à un syndicat professionnel, de se réunir chez un marchand de vins pour recevoir les offres et demandes de travail. »

L'étonnement qu'on éprouvait, en rapprochant l'article 11 de l'ordonnance du Préfet de police de l'article 8 de la loi, se déplace quand on lit la lettre du ministre du Commerce. Quel que fût l'intérêt que portaient certains parlementaires aux associations compagnonniques, la loi, par son texte précis, disait : « *Aucun débit* de boissons ne peut être le siège d'un bureau de placement » — et pratiquement cette interdiction équivalait, par commentaire, à « Tout débit de boissons peut... »

Le Préfet de police dut s'incliner et, ne pouvant empêcher les sociétés de placement de siéger au cabaret, il voulut essayer du moins d'interdire au cabaretier de confondre son métier avec celui de placeur. C'est dans ce but que fut rédigé l'article 11 de l'ordonnance.

Comment fonctionnent les sociétés philanthropiques

Voilà donc le bureau de placement légalement installé au cabaret. Les barrières qu'ordonnance et loi tentèrent de dresser entre le cabaretier et l'agence de placement sont-elles efficaces? L'enquête que nous avons entreprise nous permet de répondre énergiquement : « Non ».

Nous avons accompagné un ouvrier boulanger au café qui représente le siège social d'une *Société amicale*. Notre compagnon, exhibant les pièces qui établissent sa qualité de professionnel, demanda à s'inscrire parmi les membres de la société.

— Le délégué n'est pas là, dit le patron, revenez ce soir ou attendez-le.

L'ouvrier insista pour être inscrit sans retard, un emploi vacant pouvant se présenter. Le cabaretier prit alors, sur une petite table voisine du comptoir, un carnet de reçus. Notre compagnon versa sept francs (cinq francs pour le droit d'inscription, deux francs pour la cotisation du premier mois). Nous attendions naïvement que le marchand de vins nous délivrât un reçu rempli et signé de sa main, ce qui eût constitué une preuve écrite de son intervention. Mais il tendit la plume au nouvel adhérent pour qu'il écrivît lui-même son nom sur la feuille, *signée d'avance* par le trésorier (1). Au siège d'une autre société — encore un cabaret — il nous fallut attendre le délégué, qui procéda lui-même aux formalités d'inscription. C'était le beau-frère du maître de la maison. Notre boulanger ne reçut de l'une ou de l'autre Société aucune offre d'emploi acceptable. Mais des confrères qui demeuraient tout le jour au siège de la « société », où ils jouaient aux cartes en absorbant, suivant les heures, vin blanc, absinthe ou cognac, en attendant les « résultats des courses » (2), furent placés. La sonnerie du téléphone retentit, le « délégué », plus généralement le patron ou son garçon, saisit le récepteur, entre en conversation avec l'employeur qui demande un homme, puis lance le nom d'un des consommateurs. Les premières places de la « Société amicale », par une singulière coïncidence, vont automatiquement aux clients les meilleurs du cabaretier. Le placement au choix qui causait tant d'abus dans les bureaux payants, où le chômeur devait parfois acheter, par des

(1) Dans le cas général, le cabaretier accepte l'argent sans délivrer de reçu et invite le postulant à revenir prendre sa carte. On comprend combien ces allées et venues, ces stations d'ouvriers achalandent le cabaret. L'usage interdit de séjourner dans un débit sans y consommer.

(2) Le bureau de placement nouveau jeu n'est pas seulement cabaret — il est aussi volontiers bookmaker.

dons en argent, la bienveillance des employés et des rabatteurs, florit dans les « sociétés philanthropiques ». Les « délégués » ont la ressource d'objecter, à qui se plaint, que les patrons refusent d'embaucher les premiers ouvriers inscrits. L'inscription n'est pas faite sur tableau apparent, mais sur registre enfermé sous clef.

Comment empêcher l'intrusion du marchand de vins dans les opérations de placement qui se font en son établissement, ainsi que le ministre du Commerce en annonçait l'intention dans sa lettre du 18 juin 1904 (1)? C'est quasi impossible. Les organisations ouvrières s'y emploient de leur mieux : Luquet, secrétaire de la *Fédération nationale des Coiffeurs;* Savoie, secrétaire de la *Chambre syndicale des Ouvriers boulangers ;* Boulignat, secrétaire du *Syndicat des Garçons limonadiers ;* Franchet, secrétaire de la *Chambre syndicale des Cuisiniers,* d'autres encore, signalent à la Préfecture de Police les abus dont leurs commettants sont victimes. Les plaintes instruites sont transmises au Parquet, qui, jugeant les délits insuffisamment caractérisés, ne poursuit

(1) « Si, à un moment quelconque, ce commerçant, même dans le cas particulier où il pourrait être légalement membre du syndicat, s'immisce dans les opérations du placement, soit en fournissant des renseignements à la place d'un délégué au placement, soit de toute autre manière, et à plus forte raison s'il touche une rétribution directe en raison des opérations de placement effectuées chez lui, des poursuites judiciaires devront être exercées. »

guère. Sur 40 plaintes, 38 demeurèrent sans effet; deux provoquèrent des condamnations à 5 francs d'amende... avec sursis. Si même le rôle actif et délictueux du cabaretier dans les opérations de placement était démontré, son intervention pourrait être taxée de « service rendu gratuitement à la clientèle ». Ainsi en a jugé la Cour de Cassation par l'arrêt suivant :

COUR DE CASSATION (CHAMBRE CRIMINELLE)
Arrêt du 1er février 1907

LA COUR,

Ouï M. le Conseiller Eugène Duval, en son rapport; Mes Chabrol et Dumerin, avocats, en leurs observations; M. l'Avocat général Lombard en ses conclusions;

Après en avoir délibéré en chambre du conseil ;

Sur le moyen pris de la violation de l'article 8 de la loi du 14 mars 1904, ensemble de l'article 7 de la loi du 20 avril 1810, défaut de base légale, en ce que l'arrêt attaqué a refusé de faire application de la loi du 14 mars 1904 à un inculpé rentrant dans une des catégories de personnes auxquelles ce texte interdit le placement, par le motif qu'il n'avait pas fait de véritables actes de placement, alors que, bien au contraire, il résulte des constatations contenues au jugement et à l'arrêt que ledit inculpé tenait dans son café un véritable bureau de placement :

Attendu que Lafon, cafetier à Bordeaux, était poursuivi pour avoir contrevenu aux dispositions de l'article 8 de la loi du 14 mars 1904 qui dispose « qu'aucun hôtelier, logeur, restaurateur ou débitant de boissons ne peut joindre à son établissement la tenue d'un bureau de placement » ;

Attendu qu'il résulte des constatations de l'arrêt

que Lafon n'a fait que par intermittence des actes de placement, et qu'il n'a pas eu d'autre but que de rendre service sans aucune rémunération à des patrons, ses amis, ou à des employés dans l'embarras;

Attendu que, dans ces circonstances de fait, la Cour d'Appel de Bordeaux a pu décider qu'il n'y avait pas tenue de bureau de placement interdit par la loi, et renvoyer Lafon des fins de la poursuite, sans violer les textes visés au moyen;

Par ces motifs,

Rejette le pourvoi de la Chambre syndicale des garçons limonadiers et restaurateurs de Bordeaux et du Sud-Ouest, contre l'arrêt de la Cour d'Appel de Bordeaux, chambre correctionnelle, en date du 21 mars 1906;

La condamne aux dépens.

La loi de 1904 aura donc eu pour résultat — sans parler de la prime royale que, sous forme d'indemnité, elle a décernée aux tenanciers des bureaux payants « supprimés » — d'offrir aux cabaretiers un incomparable moyen d'achalander leurs établissements. En notre pays où des formalités sans nombre compliquent les actes administratifs les moins importants, seul l'établissement d'une « association de placement » ne connaît qu'une agréable simplicité. Trois parents, trois amis complaisants se rendent au Cabinet du Préfet de Police et déclarent la naissance d'une « *Société de Copains réunis* » ou des « *Sans-Souci du Fournil* ». Porteurs du récépissé qu'on est *tenu* de leur délivrer, ils passent au bureau voisin — 1re division — 2e section — et déclarent que la « Société » fera le placement de ses membres. Et l' « Association » prospérera désormais sous le couvert des justes lois.

L'avenir est à elle : les bureaux de placement municipaux sont délaissés par les ouvriers et les patrons ; les offices de placement des syndicats ouvriers sont suspects aux employeurs ; les offices patronaux qui cherchent trop souvent à faire accepter, des chômeurs, des salaires réduits (1) n'ont pas la confiance des ouvriers ;

(1) Le *Syndicat patronal de la boulangerie parisienne* délivre couramment aux ouvriers placés par ses soins des cartes d'embauche à 42 francs par semaine au lieu de 49 francs, salaire fixé d'un commun accord entre organisations ouvrière et patronale.

Le syndicat se préoccupe aussi de « rajeunir les cadres » des ouvriers boulangers. A cet effet, il élimine simplement les ouvriers qu'en raison de leur âge il ne juge plus susceptibles de supporter les fatigues du fournil. Voici la lettre qu'il fit tenir à un homme de cinquante ans, inscrit au bureau depuis plusieurs années. Nul reproche ne pouvait lui être adressé à propos de ses capacités professionnelles :

« *Syndicat patronal de la boulangerie de Paris,*
7, quai d'Anjou

« Paris, le 9 avril 1910.

« M. Maréchal, ouvrier boulanger, 6, rue Daru.

« Monsieur,

« Dans la séance de vendredi dernier, 1er avril, la commission de placement a décidé de ne plus vous réadmettre au bureau, vu votre âge.

« Veuillez croire que c'est à regret qu'elle prend cette décision, vu que jusqu'ici vous avez été en bons rapports seul prospère le cabaretier placeur, accueillant, bon enfant (1), qui, à ses bons clients, procure de bons emplois.

On peut donc sans effort d'imagination prévoir le moment où, pour pouvoir exercer son métier, l'ouvrier devra faire un stage préalable chez le marchand de vins, en qualité de consommateur.

En résumé, pendant vingt-deux ans, des corporations ouvrières protestent contre la loi impériale qui régit les bureaux de placement. — Pas de résultats. — Le Conseil municipal suspend les autorisations, mais aucune loi n'intervient. Puis, un beau jour, agitation populaire — coups — violences — un mort. Du samedi au lundi, la loi est bâclée. Le mardi, elle est votée.

---

avec le bureau et qu'elle vous a reconnu comme ouvrier conciencieux ; mais la nécessité de rajeunir le personnel à la Boulangerie oblige la commission de pratiquer par étapes, afin d'arriver à la situation indiquée ci-dessus.

« Agréez, monsieur, mes salutations. »

(*Cachet du Syndicat patronal.*)

Cette lettre motiva une plainte de Bousquet, conseiller prud'homme ouvrier, au ministre de la Justice (mai 1910). Le juge de paix du 3e arrondissement condamna le président du bureau de placement et le préposé.

(1) Une coutume se généralise rapidement parmi les cabaretiers des faubourgs parisiens ; ils font figurer leur prénom dans leur enseigne et se déclarent *l'ami* de leurs clients : *A l'ami Jules*, *A l'ami Eugène*, etc. En une seule rue de Belleville nous avons compté treize « amis » de ce genre, tenanciers d'assommoirs.

Le Sénat l'affaiblit. Elle coûte pour commencer 1.500.000 francs à la Ville de Paris pour la suppression des bureaux visés par l'agitation et qui se réorganisent tranquillement en plaçant l'indemnité encaissée. Puis, bien qu'il fût convenu que le cabaret ne remplacerait pas le bureau de placement, c'est le contraire qui se produit. S'il ne subsiste plus à Paris que 213 bureaux de placement constitués sous le régime de la loi de 1852 au lieu de 275, 150 des 300 « sociétés déclarées » sont installées officiellement au cabaret, où elles voisinent avec 600 sociétés non déclarées. Ce qui revient à dire que l'effort ouvrier et parlementaire aboutit, pour Paris seul, à développer la clientèle de 750 cabarets!

Le problème du placement

Le problème difficile du placement inquiète les syndicats ouvriers. La majorité des organisations — on serait en droit de dire la totalité si l'on ne tenait compte d'exceptions peu nombreuses — s'efforcent à placer leurs adhérents. Les résultats obtenus compensent-ils les efforts dépensés? Non, disent les militants. Les patrons ne demandent des ouvriers à la Bourse du Travail que s'il leur est impossible de les demander ailleurs. Pour dissiper cette méfiance, certains syndicats, dans les industries de l'alimentation notamment, ont installé des *Offices de placement* dans des locaux séparés de ceux du syndicat. La *Chambre syndicale ouvrière des Cuisiniers de Paris* expérimenta cette méthode. Franchet, secrétaire de la Chambre syndicale, nous en signala les inconvénients : elle est très onéreuse, puisqu'elle impose des frais de loyer, de bureau, d'abonnement au téléphone, le salaire d'un employé spécial. Elle ne donne que des résultats médiocres.

En général, les syndicats ouvriers qui « font le placement » sérieusement doivent y consacrer les trois quarts ou les quatre cinquièmes même de leurs ressources sans parvenir à combattre le chômage avec efficacité. Ils s'affirment partisans d'une modification de la loi de 1904.

Le placement par *sociétés de secours mutuels* exige de fortes cotisations (*deux* et souvent *trois* francs par mois, brèche appréciable dans un budget ouvrier).

Le placement par *Offices patronaux* détermine des suspicions que l'expérience justifie.

Le placement municipal

Sur le fonctionnement des bureaux municipaux, la circulaire adressée aux préfets le 14 mars 1910 par le ministre du Travail nous apporte des détails.

La loi du 14 mars 1904, article 4, ordonne

l'ouverture partout de registres pour les offres et les demandes d'emploi. Les communes comptant 10.000 habitants et plus doivent créer un *bureau municipal de placement.* D'après le recensement de 1906, 258 villes françaises comptent plus de 10.000 habitants fixes. Dans 132 villes, soit 51 p. 100, aucun bureau municipal ne fonctionne. Dans 19 villes, on reçoit les offres et les demandes d'emplois à la mairie et on les affiche. Rien de plus; on ne s'inquiète nullement de savoir si les ouvriers ont trouvé des places et les employeurs des employés. Dans 107 villes, le bureau prescrit par la loi fonctionne. Mais avec quelle languissante activité! Dans 97 villes (soit 91 p. 100) les placements effectués en 1909 ont été inférieurs à 1.000; dans 73 villes (69 p. 100) ils ont été inférieurs à 300; dans 48 villes (45 p. 100) ils ont été inférieurs à 100! Quant aux 10 villes où les placements effectués dépassent 1.000, elles se répartissent ainsi: 1.000 à 2.000 placements, 6 villes; 2.001 à 3.000, 2 villes (Grenoble et Levallois-Perret); 5.001 à 6.000, 2 villes (Lyon et Bordeaux); Paris, 4.000. Dans l'ensemble de la France, Paris étant compris, les placements par les bureaux municipaux s'élèvent à 85.000. Or, en une seule année (1908), 167 bureaux allemands ont fait 846.000 placements. Berlin seul opère plus de placements que la France entière (99.827). Stuttgart, qui ne compte que 265.000 habitants, a fait 63.131 placements, soit moitié plus que Paris!

La capitale mise à part, Auxerre est la seule ville de France où les bureaux payants aient été supprimés avec indemnité.

Les escrocs des chômeurs

Si le placement municipal n'apporte au chômage qu'une atténuation dérisoire, il se trouve favoriser d'abominables trafics. Des chevaliers d'industrie copient aux portes des mairies les offres d'emplois. Puis, de ces offres bien mêlées, ils dressent une liste qu'ils multiplient par la polycopie. La feuille polycopiée est vendue, sous des noms divers, quinze et vingt centimes aux chômeurs. Les emplois indiqués sont généralement occupés lorsque les malheureux viennent offrir leurs services.

Cette vente aux sans-travail d'indications périmées est une source d'abondants bénéfices.

Le placement municipal est aussi avantageusement utilisé par des escrocs qui, sans bourse délier, font placarder d'alléchantes propositions: emplois rétribués de représentants, courtiers, gérants, etc. Les chômeurs qui répondent à ces offres sont dépouillés de leurs dernières économies par des procédés variés. L'un de ceux qui émurent le parquet fut le coup des *cartes en couleurs*.

ON DEMANDE

JEUNES FILLES ET JEUNES FEMMES

pour travail facile et bien rétribué à faire chez soi

PAS DE CAUTION — PAS DE CONNAISSANCES SPÉCIALES

S'ADRESSER de 8 heures à midi, Rue

Cette annonce, affichée à la mairie du IIIe arrondissement, provoqua un grand espoir parmi les chômeuses de la morte-saison, qui se portèrent en foule à l'adresse indiquée. Il s'agissait de colorier des cartes imprimées en noir, travail agréable qui ne demandait qu'un peu de soin et de bon goût. Seulement ces cartes ne pouvaient être enluminées que par les couleurs d'une fabrication particulière dont « la maison » monopolisait la vente et qu'elle cédait aux ouvrières au prix de cinq francs la boîte. Les cartes postales ainsi coloriées devant être payées bon prix, un travail abondant étant solennellement promis pour toute l'année, les chômeuses n'hésitèrent pas à sacrifier la précieuse pièce de cinq francs pour acquérir la boîte. La première « livraison de marchandises » eut lieu à huit jours de là. Les cartes postales furent payées aux ouvrières nonobstant un léger rabais motivé par leur inexpérience. Mais à la seconde livraison, elles trouvèrent « la Maison » fermée. Les escrocs s'étaient installés, sous un nom nouveau, dans un autre quartier et « faisaient » une autre mairie. Les boîtes de couleurs qui restaient aux mains des dupes coûtaient dans le commerce 0 fr. 75.

Enfin, les trafiquants, fournisseurs et tenan-

ciers de maison de débauche utilisèrent fructueusement la publicité des mairies. Il advint que des ouvrières allant, sur la foi des affiches, offrir leurs services à de prétendues couturières et à d'hypothétiques modistes en chambre, s'entendirent, après de longues conversations qu'agrémentaient des offres de rafraîchissements et des déclarations de sympathie spontanée, proposer des besognes d'un ordre très différent de leurs occupations habituelles. La plupart, indignées, s'enfuirent. Combien pourtant, découragées, lassées par des insuccès répétés, se laissèrent convaincre. Sans compter celles que l'on acheminait vers des Lima ou des Buenos-Aires, qui croyaient très sincèrement partir pour exercer leur métier.

. . . .

Comment résoudre pratiquement la crise du placement en France? L'opinion qui semble la plus répandue dans les milieux intéressés préconise la transformation en service public de l'industrie du placement. Des *bureaux paritaires* — administrés par des commissions d'employeurs et de salariés — grouperaient les offres d'emplois, les solliciteraient des patrons et s'efforceraient d'y répondre par la présentation des chômeurs les plus aptes, de par leurs connaissances professionnelles, à occuper les places. Il ne s'agirait pas de procéder à un classement arbitraire, ni de faire du placement « au choix », mais seulement d'essayer de confier une fonction à qui sait la remplir et non d'envoyer un « boulanger viennois » par exemple, là où il faut un pétrisseur de gros pain.

Une organisation intercommunale pourrait relier les bureaux, permettre entre eux l'échange de renseignements et l'acheminement de la main-d'œuvre vers les cités qui la réclament.

LE CABARET DE LUXE

Le cabaret-tâcheron, le cabaret-placeur, le cabaret des Halles et des Faubourgs ont des tables de bois garnies de toile cirée ou des guéridons plaqués d'un marbre grossier que le garçon de salle, après le départ des clients, essuie d'un chiffon douteux. On y boit du gros vin d'Aramon, de l'absinthe et les diverses eaux-de-vie de bas prix qui constituent, pour le consommateur, l'indispensable condiment du café. Ce n'est pas dans ces cabarets d'ouvriers que l'on boit le plus d'alcool, ce n'est pas là que l'on s'enivre le plus complètement. C'est au cabaret des riches, au cabaret de luxe. Les liqueurs fortes sont honorées avec autant de ferveur dans la classe possédante que dans la classe laborieuse. Seulement, les riches ivrognes sont ramenés à leur domicile dans des voitures discrètes, tandis que les pauvres scandalisent les passants de leur démarche en zigzags et de leurs soliloques. Voilà pourquoi on remarque moins les premiers que les seconds.

Deux méthodes pour « faire la fête »

Paris est la terre d'élection du cabaret de luxe. La plupart des capitales cadenassent vers minuit les portes des cafés, élégants ou galeux. A Paris, le « bistrot » tient libre comptoir jusqu'à deux heures du matin et le cabaretier de luxe ne ferme qu'au grand jour la boutique qu'il ouvre à minuit. C'est chez lui qu'on fait cette fête de Paris, espoir des jeunes, regret des vieux dans la paix monotone des petites villes.

Qu'est-ce exactement que « faire la fête »?

Première méthode: se rendre après le spectacle dans un cabaret à la mode, y conduire ou y rencontrer une dame, danser au son de l'orchestre des tziganes, s'isoler pour souper dans un cabinet particulier et, à l'aube, rentrer chez soi.

Seconde méthode: monter à Montmartre et « faire », durant la nuit, le plus grand nombre d'établissements qu'il est possible. Demander beaucoup de champagne et convier à boire des femmes, toutes les femmes présentes. Plus grand est le nombre des femmes autour du fêtard et plus grande est la fête. On leur offre des fleurs et des cigarettes et l'on échange avec elles des propos grossiers. Puis, les bouteilles vidées — cassées autant que possible, — sauter dans un fiacre et se faire conduire dans un autre établissement. La scène qui s'y joue ressemble à celle qui s'est jouée dans le premier, de façon frappante : tel qui a vu un cabaret les a vus tous : mêmes femmes, même luxe, même orchestre. Seul le fêtard change parce qu'il est de plus en plus ivre. Les gens entraînés arrivent à « faire » douze, treize maisons en une nuit. C'est une prouesse qui demande une volonté, une énergie, une endurance peu répandues.

Telle est « la fête parisienne » : sans doute pourrait-on la poétiser en célébrant sur le mode dithyrambique l'éclat des lumières, la beauté des femmes, le charme énervant des musiques tziganes. Mais c'est là, autour de la vérité nue, une robe qu'il convient de laisser tramer aux romanciers.

La première méthode représente ce que l'on pourrait appeler *la fête sérieuse.* C'est celle des gens « posés » qui n'abandonnent jamais le souci de leur respectabilité. La seconde produit la « grande bombe », elle s'adresse à ceux qui veulent « s'amuser » sans retenue et qui piétinent les « convenances ».

A ces deux méthodes correspondent naturellement deux subdivisions du cabaret de luxe : l'établissement « sérieux » où l'industrie galante se pare d'un voile léger et transparent — d'une voilette — et le cabaret de Montmartre où le commerce d'amour s'exerce franchement — à visages découverts.

Il convient, pour la bonne ordonnance de cet exposé, de visiter la maison sérieuse avant la maison frivole.

Comment on fonde le cabaret de luxe

Un maître d'hôtel qu'une carrière déjà longue dans les établissements à la mode a pourvu de relations nombreuses ; une dame entreprenante, sur le déclin de son été, qui pense à tirer parti des amitiés qu'elle a sur les champs de courses, dans les théâtres, dans les cercles et dans les promenoirs des music-halls, décident de fonder un restaurant de nuit.

Les premiers capitaux servent à payer les six mois de loyer que le propriétaire exige à l'avance. Tout le reste s'acquiert à crédit: meubles, tapis, lustres, glaces sont livrés au prix fort et payables à des échéances lointaines que l'on peut reculer. Il faut pourtant noter que les plombiers, électriciens, fabricants de batterie et de fourneaux de cuisine consentent rarement à de longs crédits. Le grand boucher, l'important boulanger deviennent actionnaires de la maison, à la condition que la fourniture exclusive des produits de leur profession leur soit réservée, toujours au prix fort. Enfin, est sollicité le commanditaire indispensable de ces établissements, le marchand de champagne, qui ne refuse guère l'appui de ses finances quand la direction du nouveau restaurant présente quelque garantie d'habileté professionnelle.

Voici la maison ouverte. Elle est située au cœur du Paris confortable, tout près des boulevards. Elle porte un nom aristocratique — ou anglais : *Prince-Michel* ou *Contess*. Elle a bonne mine. Une décoration artistique, en staff, court le long des murs. Des tapis doux comme des toisons ouatent les pas, des fauteuils de velours tendent les bras aux tables fleuries, vêtues de nappes glacées, brodées, endentellées; des lampes électriques de toutes les formes et de tous les calibres, tulipes, iris, perles, s'alignent en rampes sur les frises, se nichent dans les coins, encadrent les linteaux et font resplendir sur les convives une lumière hardie que déplorent seules les clientes un peu mûres. Sur les tables, l'argenterie atteste la richesse de la maison: le maître d'un casino voisin de Paris s'enorgueillit de placer devant le consommateur d'une tasse de café un service de 150 francs, tasse, cuiller, cafetière et sucrier.

Dans un angle, voici l'estrade de l'orchestre. Au premier étage s'ouvrent les cabinets particuliers, réduits comme des alcôves ou spacieux comme des salons. Tous sont meublés d'une petite table, de peu de chaises, d'un buffet-desserte, de rideaux opaques, mobiles sur deux tringles, et surtout d'un divan large comme un lit et comme lui moelleux. Il est de ces divans — dans des maisons connues — qui se démontent : ils abritent sous leurs ressorts tout un cabinet de toilette. Un verrou intérieur permet aux solitaires des cabinets particuliers de s'isoler du monde et de se livrer en paix à la méditation.

Les tables de la salle sont mobiles; après souper, on les range le long des murs et l'orchestre fait danser les convives.

Comment on lance le cabaret de luxe

Il s'agit d'achalander le *Prince-Michel.* Sans doute, les procédés ordinaires de publicité ne sont-ils pas à mépriser : des échos à quarante francs la ligne affirment dans les journaux mondains qu'on ne dîne bien qu'au *Prince-Michel;* que cet établissement, sous la direction du « sympathique et très compétent » Tricot ou Plantin, est le rendez-vous habituel du monde sélect; mais combien insuffisantes seraient ces réclames naïves : il faut amener la clientèle de force au *Prince-Michel,* il faut la rabattre comme un gibier : les *rabatteurs* font leur office.

Ce sont de parfaits gentlemen. Beaucoup portent de beaux noms. On les blesserait fort si on leur déclarait que le métier qu'ils font est suspect. Ils ont de l'honneur. Mais ils sont pauvres. Et ils aiment à bien vivre. Aussi font-ils des « combinaisons ». On rencontre à Paris beaucoup d'hommes corrects dont la profession est d'être hommes du monde et qui, avec de médiocres revenus, mènent le train que permettent cinquante mille livres de rente. Pour qui possède quelques relations, un nom connu, de l'entregent, le prodige s'accomplit aisément. Quand le *Prince-Michel* ouvre ses portes, le propriétaire ne manque pas de convier M. de X... à honorer l'inauguration de sa présence. M. de X... honore. Et le propriétaire fait connaître au gentilhomme que lorsqu'il lui plaira de traiter des amis au *Prince-Michel* les prix que paie le vulgaire ne seront pas ceux qu'il paiera. Quelquefois M. de X... ne se contente pas de ces avantages subordonnés à une dépense : une convention verbale, mais qui a force de contrat, lui attribue une redevance sur le montant des additions que soldent les clients amenés par lui. Quinze pour cent est le taux habituel de cette commission. Mais généralement M. de X... se contente d'accepter l'invitation du « sympathique et très compétent » Tricot ou Plantin. Il vient avec des amis. Le patron veille à la perfection du souper : chère exquise, vins émouvants, service impeccable. M. de X... demande l'addition, la signe sans la regarder et dit : « Vous ferez présenter chez moi demain à onze heures. »

On oublie, le lendemain et les jours qui suivent, de présenter quoi que ce soit à M. de X... qui reparaît avec d'autres amis : gens du monde, financiers, hommes d'affaires. De loin en loin, on lui fait tenir discrètement une addition, allégée de cinquante ou de soixante-quinze pour cent. Mais c'est là une habile formalité, destinée à ménager la susceptibilité de M. de X..., qui ne voudrait pas être « nourri » par un cabaretier. Cette facture allégée, il ne la paie jamais.

Qu'arrive-t-il ? C'est que les hommes d'affaires, les financiers et les mondains qu'il a traités au *Prince-Michel* apprennent le chemin de ce restaurant ; qu'ils en apprécient l'élégance, la cuisine, l'orchestre. Ils y reviennent, ils y conduisent leurs invités qui, à leur tour, les invitent. Peu à peu la réputation du *Prince-Michel* s'établit et la clientèle se forme. Mais comme il serait téméraire, la maison « lancée », de traiter sans façon les rabatteurs ! Cet établissement qui leur doit sa vogue peut leur imputer sa ruine; on cite un restaurant de Paris qui, prospère par la grâce de tels redoutables protecteurs, fut par eux en *un an* conduit à la faillite :

— Nous allons dîner au restaurant du M. R...?

— Oh ! non, c'est devenu une boîte très mal fréquentée; allons à l'*Impérial.*

Et le restaurant du M. R... dut fermer ses portes.

En même temps que les services des rabatteurs, le propriétaire du *Prince-Michel* s'assurera ceux des interprètes. Ces personnages, aux gages des agences, ont pour mission de révéler aux riches étrangers la vie parisienne. Ils les conduisent au théâtre, au concert, dans les musées, dans les égouts, dans les catacombes, chez les dames. Ils peuvent aussi les conduire au restaurant : un éloge intelligent de tel établissement influence le choix des voyageurs. Un intérêt de 10 à 15 p. 100 sur le montant de l'addition récompense le zèle de l'interprète.

Pourquoi les restaurants ne traitent-ils pas

directement avec les agences de voyages, se demandera-t-on ? Parce que ce traité, que l'on conclut lorsqu'il s'agit des repas d'excursionnistes transportés, nourris, distraits à forfait, ne saurait s'appliquer aux touristes de luxe qui vont où bon leur semble. Toute l'habileté de l'interprète consiste à dissimuler son intérêt sous le leur et à suggérer sans jamais paraître imposer.

Les femmes au cabaret

Malgré le zèle des rabatteurs et la diplomatie des interprètes, malgré l'excellence de sa cuisine et la richesse de ses caves, un cabaret de luxe ne saurait prospérer, ni durer même, s'il était privé de cet attrait supérieur à tous les autres : les femmes. C'est pour elles que l'on va dans ces établissements. La clientèle se divise en deux branches : ceux qui veulent rencontrer des femmes et faire un choix parmi elles ; ceux qui comptent voir des femmes, simplement. Il est donc indispensable que de jolies personnes, vêtues de somptueuses toilettes que les grands couturiers ont signées, parées de bijoux comme des déesses de l'Inde, fréquentent le cabaret, discrètes et distinguées dans les maisons « première méthode », effrontées et provocantes à Montmartre.

Le propriétaire du *Prince-Michel*, ayant traité ces dames avec quelque munificence le jour de l'inauguration, les convaincra de revenir en leur

promettant des avantages spéciaux : dans ce restaurant où la collation la plus modeste ne coûte pas moins de 20 francs, Thaïs et Phryné dînent confortablement pour trente sous quand elles sont seules — à moins que la dureté des temps et le mauvais goût des hommes ne les contraignent à user du crédit : elles paieront, en ce cas, quand elles le voudront, quand elles le pourront. Et si elles se montrent des « amies » dévouées de la maison, elles auront toujours leur couvert mis, sans bourse délier. En revanche, quand elles seront accompagnées, leurs compagnons paieront le plein tarif. Et madame « poussera à la consommation ». Elle prendra des fruits (fraises : un franc l'une ; pêches : 12 francs la pièce en janvier, 5 francs en août; raisin : 4 francs la grappe) ; elle corsera son café de plusieurs liqueurs (Fine *Napoléon* ou Fine *Tuileries :* 5 francs le verre). Et surtout elle s'affirmera buveuse intrépide de champagne. Ses fantaisies gonfleront l'addition. C'est que, sur cette addition grassouillette, le cabaretier lui alloue 12 à 15 p. 100 que la mignonne vient, dès le lendemain, toucher à la caisse. Ce n'est pas tout : à Noël, au Nouvel An, à Pâques, au jour de sa fête, elle recevra un panier de fruits, une caissette de champagne, des fleurs. Une bourriche de gibier s'impose au jour de l'ouverture; et, de-ci de-là, quelque pâté, quelque saumon viennent affirmer que le *Prince-Michel* n'est pas un ingrat.

Une absence prolongée de la belle soupeuse inquiète le cabaretier : il va la quérir à domicile. Le premier maître d'hôtel téléphone sur le coup de dix heures : « Prévenez Madame qu'elle s'apprête à venir déjeuner au *Café des Pachas;* si, si, sa table est préparée. » Et à onze heures et demie une élégante auto de maître — chauffeur de style, chasseur en livrée — va chercher Madame et stationne à sa porte jusqu'à ce qu'elle daigne paraître, seule ou accompagnée d'amies, d'amies que le restaurateur traitera gratuitement et magnifiquement.

Quand l'établissement est lancé, connu, coté, affluent les belles personnes empanachées et endiamantées. Leur présence est un sûr indice de prospérité : elles accourent, stimulées par l'espoir d'une heureuse rencontre parmi les clients dorés. Et les clients se pressent, mus par l'espoir réciproque. Alors le propriétaire du *Prince-Michel* peut user de procédés qu'il ignorait dans la modestie des débuts. Ses sourires et ses bourriches de gibier vont aux seules habituées qu'une toilette de cinquante louis désigne à l'admiration des connaisseurs. Les autres ne font pas « honneur à la maison ». Des mesures disciplinaires punissent les peccadilles de ces dames : on leur interdit pour un temps l'entrée du restaurant, on les « met à pied ». Huit jours pour avoir manqué de tenue, quinze jours pour avoir querellé une rivale. Les avaricieuses qui ne renouvellent pas assez fréquemment leurs robes sont punies de la même manière. Un grand établissement des boulevards — appelons-le *Le Mexicain* — frappe de trente jours de... consigne au trottoir la femme qui, ayant « trouvé preneur » dans la maison, est sortie avec son conquérant au lieu de lui imposer le tête-à-tête en un cabinet particulier de la maison.

Mais les « étoiles » de la corporation vengent leurs sœurs modestes. Les beautés professionnelles tarifées grand prix à la Bourse galante, celles qui possèdent dans le quartier de l'Etoile ou dans la plaine Monceau une maison luxueusement montée, des cuisines approvisionnées et des caves garnies, prennent l'habitude de bouder le restaurant : c'est dans leurs logis qu'elles conduisent leurs riches amis. Le bénéfice du cabaretier s'ajoute à leur revenu. Et les pourboires que les convives laissent « pour le service » payent le salaire des domestiques.

« Elle était belle, debout, nue sur le seuil de sa *cella,* dans la rue de Suburre, sous la torche de résine qui pétillait dans la nuit, quand elle chantait lentement sa complainte campanienne et qu'on entendait sur le Tibre de longs refrains d'orgie.

. . . .

« Ne craignez pas qu'elle revienne, car elle est morte, maintenant, bien morte ! Sa robe est haute, elle a des mœurs, elle s'effarouche des mots grossiers et met à la Caisse d'épargne les sous qu'elle gagne. »

Ainsi prophétisait Flaubert, il y a quelque soixante ans.

La clientèle

Le « cabaret sérieux » ouvre ses portes dès le matin, car il sert le déjeuner et le dîner et jusqu'à l'heure du souper ne se distingue d'aucun autre restaurant élégant. A cinq heures, il sert aussi le thé. Les cabinets particuliers sont mis à la disposition des clients pour tous les repas, lunchs ou collations. Point n'est besoin de dîner pour occuper à loisir l'une de ces retraites : une bouteille de champagne, quelques gâteaux suffisent. Seulement l'usage veut que, si l'addition n'atteint pas vingt-cinq francs, on la complète par cette indication: « cabinet particulier, 12 francs. » Certains couples ingénus, ayant pris une tasse de thé et croqué quelques friandises, montent dans un cabinet et au maître d'hôtel empressé répondent :

— Non... nous ne voulons rien pour le moment... nous verrons tout à l'heure.

Vous croyez qu'on les prie de céder la place à d'autres plus prodigues ? Point. Seulement, à sa sortie, le couple ingénu se voit présenter une fiche : « cabinet particulier : 20 francs. » Alors, puisque aussi bien il faut payer, ces abstinents se font intempérants et demandent une bouteille de champagne.

Dans le jour, les cabinets sont le refuge des irréguliers, des jeunes gens surveillés qui ne sortent pas le soir, des dames que rapproche une tendresse mutuelle. La clientèle de la salle est faite de gourmets que le décor amuse. A déjeuner, assistance souvent réduite, toujours sévèrement composée : peu de « dames seules », des gens d'affaires, des ménages, des sportsmen. Au thé, des mondaines, des oisifs, des amoureux, quelques « dames seules ». A dîner, des mondaines, des rastas, beaucoup de « dames seules », beaucoup d'étrangers : ils espèrent voir des choses, des choses... Les Allemands ne se séparent pas de leurs femmes, les Anglais les laissent volontiers à l'hôtel. Tous les jours, chez *Maxim's*, des familles anglo-saxonnes demandent « à visiter », et tous les soirs les mêmes familles s'informent de l'heure où l'on verra *La Dame de chez Maxim's,* car, dans leur candeur, elles croient que le fameux vaudeville, dont le nom seul leur est connu, est une « attraction » de la maison. Les familles dînent sérieusement. Mais les vrais « fêtards », clients habituels du restaurant de luxe, se ménagent : une demi-bouteille d'eau, le « plat du jour », un fromage. Le véritable repas, ils le font en soupant, après minuit. Au souper, les ménages étrangers ont presque tous disparu. Les « dames seules » sont foule. Il ne reste plus que les clients venus pour s'amuser. Parmi eux, quelques jeunes mariés, fiers d'agir comme s'ils ne l'étaient pas.

Les prix sont très élevés (1). Ils varient d'ailleurs selon la tête des dîneurs. Les clients ne manquent pas d'argent. Mais il leur est désagréable de le dépenser. Alors, entre le cabaretier et le consommateur commence la guerre sournoise.

A cette table, on a commandé un menu plantureux. Mais il se trouve qu'après le second service l'appétit des convives est presque satisfait. Que faire ? Payer un plat auquel on ne touchera point ? Non : le plat est servi, on y goûte, puis on mande le maître d'hôtel, et, avec une moue de dégoût, on lui affirme que ce plat est immangeable.

— Pourtant...

— C'est infect, mon ami, positivement infect.

Le maître d'hôtel fait enlever le « plat infect » que l'on rapporte à la cuisine ; le gérant ou le

(1) Voici quelques « prix courants » :

HORS-D'OEUVRE

Œufs de vanneau, 4 francs la pièce (1 fr. 50 en pleine saison).
Caviar (une cuillerée à café), 5 francs par personne.
Une tranche de melon (en mai), 5 francs.

POTAGES

Nids d'hirondelles, 10 francs.
Réal-tortue, 5 francs.
Bisque d'écrevisse, 3 fr. 50.
Oxtail-soup, 3 fr. 50.

PLATS

Homard, 6 francs.
Perdreaux Souvarow (pour deux personnes), 30 francs.
Poularde farcie foie gras, 60 francs.

patron — qui connaît pourtant son public — adresse, dans sa mauvaise humeur, quelque remarque désobligeante au chef cuisinier, mais le tour est joué : le plat n'est pas compté dans l'addition. A cette autre table, au contraire, M. X... éprouve un insatiable appétit. Son doigt plié appelle le maître d'hôtel puis se redresse pour lui désigner le plat aux quatre cinquièmes vidé.

— Quel filet m'avez-vous servi ce soir; il était mauvais, dur, mal cuit. Je suis même étonné qu'ici on présente une viande pareille.

— Vraiment ? C'est curieux, personne ne s'est plaint. Mais on va vous donner autre chose à la place... Allez chercher...

M. X... mangera deux plats pour le prix d'un seul.

Ici, après avoir presque complètement asséché une bouteille de champagne, on s'aperçoit qu'elle est *bouchonnée* et on en exige le remplacement.

Là, on conteste le montant de l'addition : jamais on n'a bu tout ce qui est marqué! La bonne ordonnance du service exige que les bouteilles vides ne restent pas sur la table : comment prouver au client qu'il a réellement consommé toutes les bouteilles de champagne dont on lui réclame le prix ? C'est une question de bonne foi. Il serait injuste d'ailleurs de donner tous les torts à la clientèle : les cabaretiers ne manquent pas une occasion de rattraper, sur le fêtard ivre ou étourdi, les bouteilles de champagne bouchonnées ou les fricots dits « infects » que les autres ont laissés impayés.

Pas d'histoires ! c'est le mot d'ordre de ces maisons. Pour éviter des discussions bruyantes, on cède généralement aux réclamations des grincheux et on allège leur note. Il arrive aussi, quand ils ont quelque raison de se plaindre, qu'on les tient quittes du règlement. Les « poires » paieront pour les récalcitrants. Des escrocs psychologues usent ingénieusement de cette terreur du scandale qu'éprouve le cabaretier. Le record de la grivèlerie fut battu en 1910 dans le plus luxueux des cabarets de Montmartre. C'était en plein « coup de feu ». Pas un coin de table ne demeurait vide. Assistance de choix. Soudain, impérieux appel d'un couteau sur le cristal d'un verre, une voix furieuse domine le bruit des conversations :

— Maître d'hôtel, venez donc voir.

Toutes les têtes se tournent vers « le monsieur qui n'est pas content ».

— Regardez, maître d'hôtel, si ce n'est pas « dégoûtant » ce que l'on sert ici ?

Et le maître d'hôtel, ahuri, éberlué, ne peut nier que c'est en effet « dégoûtant » ce que le client l'invite à contempler : une mouche, une grosse mouche noire, velue, hideuse, est plaquée dans la tranche de fromage que le consommateur vient de détacher. Déjà le gérant s'empresse, multiplie les excuses, les promesses pour que le client se taise, qu'il n'ébruite pas la mésaventure : c'est un malheur, on changera de fournisseur, on remplacera le malencontreux fromage, le monsieur ne paiera pas son addition, on offrira le champagne.

Mais voilà-t-il pas qu'un garçon de la salle interrompt l'humble discours de son chef.

— On la connaît ! ça ne prend plus !...

Et il conte que deux mois auparavant, au restaurant Lavenue, il a vu le même client trouver une mouche semblable dans son fromage, trouvaille qui lui valut la gratuité de son dîner. Protestations indignées du quidam, que l'on conduit au poste. On le fouille et l'on trouve dans sa poche une boîte pleine de grosses mouches; par elles, il trouvait le moyen de se faire nourrir comme un prince, dans les premiers restaurants de Paris. L'aventure s'acheva devant la onzième chambre correctionnelle.

Tous les jours, quelque pièce d'argenterie disparaît du cabaret de luxe. Un maître d'hôtel du *Café de Paris* peut écrire à son collègue de *Maxim's :*

Cette nuit, des clients jonglaient avec de l'argenterie. Nous avons pu la sauver. J'ai reconnu sur plusieurs objets la marque de chez vous et je vous les renvoie.

Et le gérant d'un des meilleurs établissements de la capitale, d'un cabaret où se complaisent les « gens du monde », déclare mélancoliquement qu'il a dû remplacer par du Christophe tous les services d'argent, car on n'arrivait plus à renouveler les pièces manquantes.

Le maître d'hôtel

Il est chargé de placer les clients, de « prendre la commande », de diriger le service. Tout le personnel de la salle — garçons, *omnibus*, chasseurs — lui obéit. Un bon maître d'hôtel doit posséder une foule de qualités : intelligence, finesse, doigté, discrétion, souplesse. Il est au courant de la vie parisienne, des intrigues, des potins : conduire le ménage X..., qui est brouillé avec le ménage Y..., près de la table qu'occupe celui-ci serait commettre une lourde « gaffe ». Au contraire, rapprocher les amis des amies fait plaisir à tout le monde. Chaque matin, à onze heures, le premier maître d'hôtel descend à la cuisine et inspecte « le timbre » avec le chef. *Le timbre* contient les « dispositions vacantes », les provisions qu'il devient urgent de consommer. Il appartient au maître d'hôtel de *pousser* certaines victuailles. Il le fait, mais avec quelle habileté : la composition de la carte est une stratégie, il s'agit d'engager le client à commander le homard ou le faisan — qui restent au timbre — sans que le client puisse soupçonner que l'intérêt de la maison souffle les conseils du maître d'hôtel. Il s'agit de combiner le menu de telle sorte que l'addition se monte à bon chiffre, sans pourtant donner au consommateur l'impression fâcheuse qu'on « pousse à la dépense ». Car il ne reviendrait plus ! Le client doit être convaincu qu'il a dressé la carte lui-même, alors que c'est le maître d'hôtel qui l'a ordonnée. La situation est particulièrement délicate quand une dame accompagne le dîneur : puisqu'elle ne solde pas l'addition, elle ne regarde pas à la dépense — et même la dépense ne peut que servir ses petits intérêts personnels, comme il a été expliqué plus haut. Aussi choisit-elle volontiers des asperges en janvier, des fraises en février ou du raisin en mars, fantaisies coûteuses qui inquiètent son compagnon. Refuser ? Le geste manquera d'élégance. Accepter? C'est une ruine. Alors, il use des prétextes les plus comiques. — Je ne mange des fruits qu'en leur saison, c'est un principe ! — ou bien : Impossible, hélas ! le médecin me défend toutes ces crudités.

La carte est transmise au chef; le menu que la maison propose donne aux dîneurs une simple indication; ceux-ci commandent, à leur goût, les préparations culinaires les plus inattendues. Alors que, dans le restaurant populaire, le client est tenu de choisir parmi les mets catalogués, il est d'usage ici de ne rien refuser au caprice du consommateur : il appartient au chef de se « débrouiller ».

Les plats sont apportés de la cuisine par le « commis », dit *omnibus* en raison de ses fonctions déambulatoires, et servis par le garçon, sous la surveillance du maître d'hôtel. Les attributions de ce diplomate ne sont pas bornées à ce rôle, la clientèle lui demande mille services : des tuyaux de course, des emprunts d'argent — comment refuser à un habitué fidèle et généreux ? — et des services galants. On retient une table, puis :

— Je viendrai demain avec quelques amis, vous ne pourriez pas nous indiquer une petite femme gentille, pas bête... ?

— Mais, monsieur...

— Oh ! en toute honnêteté, pour rire un peu, une cliente de la maison.

Ou bien quand le dîner de garçon tire à sa fin :

— Vous ne connaîtriez pas, par hasard...

S'il connaît ! Mais il a un répertoire détaillé, le maître d'hôtel du cabaret de luxe, un carnet relié de maroquin rouge qui contient des noms, avec adresse et qualité : des théâtreuses, des « mannequins », des dames des Folies-Bergère et de l'Olympia. Il y a aussi, sur le carnet, d'autres indications qui servent à fixer la physionomie, le genre : *cheveux courts, porte des anglaises, parle allemand.*

Le maître d'hôtel juge que le « type » de Mme Carmen ou de Mlle d'Issy-les-Moulineaux est celui que réclame le client, et, par téléphone ou par l'intermédiaire d'un chasseur cycliste de la maison, mande la jeune personne, qui accourt, tous ses bijoux dehors. Elle traverse la salle d'un pas lent pour gagner le lavabo, et le maître d'hôtel échange un regard avec le dîneur allumé.

— Très bien, cette dame, très bien, charmante. Mais pour nous rejoindre...

— On fera monter les couverts dans le salon blanc ou au numéro 4.

« Sans avoir l'air », notre homme quitte sa table. Il faut sauver les convenances : des dîneurs vertueux s'étonnent quelquefois.

— Nos voisins sont partis brusquement : que s'est-il donc passé ?

— Ces messieurs avaient des invités pour le café; ils sont allés les rejoindre dans la salle du haut.

C'est encore le maître d'hôtel qui fait porter dans une voiture et accompagner à domicile le soupeur trop ivre pour rentrer seul.

C'est lui qui fait signer aux clients connus leur facture, dont on encaisse plus tard le montant.

C'est lui qui discute, aplanit les difficultés, veille à l'ordre.

Le sommelier

Tandis qu'il inscrit le menu, le *sommelier* prend la commande des vins. Ce fonctionnaire est chargé de l'administration des boissons, « spiritueux en tous genres ». Certaines des qualités du maître d'hôtel doivent être les siennes : inviter habilement à la dépense, suggérer sans imposer, insister avec discrétion et convaincre par une douce autorité.

Le champagne est le breuvage ordinaire du cabaret de luxe. Les marques se « lancent » là, par la grâce des jolies femmes, comme les modes. Que telle belle actrice ne demande que du *Kleinkopf et Grossmutter*, et ses adorateurs, ses admirateurs et ses imitatrices n'en demanderont pas d'autre. La maison Kleinkopf et Grossmutter prouvera sa reconnaissance en ne laissant jamais vide de champagne la cave de « l'artiste ». Il y a aussi des gentlemen qui jouissent de « crédits de consommation » dans les cabarets à la mode : ils ne boivent que le Kleinkopf et Grossmutter; les fabricants remboursent la dépense sur présentation des factures. Mais les sommeliers sont de précieux auxiliaires. Les marques qu'ils « poussent » les récompensent: 0 fr. 50 à 2 francs par bouteille. Ils font la preuve de la consommation en exhibant les bouchons. Certains propriétaires de sources minérales activent de la même manière le zèle des sommeliers : 3 centimes par capsule est le taux habituel de la « remise ». Il atteint 5 et 10 centimes pour quelques marques.

Attractions

Pendant le dîner et le souper, la câline, la troublante musique des tziganes enveloppe les clients. L'orchestre — fourni par les agences —

est composé de cinq musiciens qui, suivant les maisons, se partagent cinquante à soixante-dix francs par nuit. On leur accorde aussi quelques bocks et quelques sandwiches. Ils augmentent leur salaire par des quêtes. Parfois, des bonnes fortunes imprévues: le *Yankee doddle,* attaqué furieusement à l'entrée de gentlemen glabres, peut rapporter cinquante francs. A moins qu'il ne provoque l'impatience des étrangers : en ce cas, un geste du gérant transforme instantanément l'hymne transatlantique en une czarda. Des clients — des clientes surtout — réclament un air aimé : sonate de Schumann, valse de Strauss. Voilà qui vaut un louis.

Sans bruit, de table en table, papillonnent les marchandes de fleurs (1) :

— De beaux œillets ? de jolies roses ?

Les femmes piquent dans la corbeille garnie de rubans piteux et les hommes payent. On ne rend guère de monnaie. Plus tard, profitant de l'inattention, de l'ivresse ou de l'absence momentanée de son compagnon, la fille rend les fleurs à la marchande. Certaines les lui revendent, mais c'est le petit nombre : on se connaît, on se « revaut ça », on est du même monde; dans les « jours de débine », la marchande de fleurs se

(1) C'est surtout à Montmartre, dans les cabarets de la seconde manière, qu'exercent les marchandes de fleurs. Nous ne les avons présentées ici que pour grouper les attractions du cabaret de luxe.

montre « bonne copine ». Ainsi, dans une nuit, le même bouquet, vendu quatre fois, passe-t-il en quatre paires de mains pour revenir languissant à la corbeille de la marchande.

Une instinctive solidarité unit la fille à tous les claque-patins qui vivent des miettes du cabaret de luxe; un désir commun de tirer profit du riche qui peut payer cher son plaisir.

— Donne un louis au cocher, dit-elle en quittant la guimbarde qui des boulevards a hissé le couple à Montmartre : je l'ai depuis cinq heures.

— Laisse-lui une thune, conseille-t-elle en face du marchand de *Presse* qui les assaille à la sortie :

— La *Presse,* mon prince, quoi, prenez-moi la *Presse,* c'est ma dernière : mort du Président de la République, assassinat de l'Empereur d'Allemagne — et qui les injurie si on ne lui donne que deux sous. — Laisse-lui une thune, c'est le frangin à ma concierge.

— Tu peux bien lui f...ournir quarante sous, assure-t-elle quand il s'agit de rétribuer le jeune garçon qui a ouvert la portière : ça porte bonheur.

Mais l'agent veille, l'agent-planton payé supplémentairement, nourri, abreuvé par le restaurant : il saute sur les loqueteux en donnant de la voix, débarrasse le trottoir, dégage la chaussée, et tout fier d'avoir préparé le chemin de l'Amour qui descend — parfois en titubant — l'escalier des salons, impressionné par le luxe des clients, par les perles des femmes, par les habits des hommes, il salue au passage, militairement.

. . . .

Le dîner s'achève. On a mandé le « spécialiste turc attaché à la maison pour la fabrication du café ». Il est venu dans le costume de Tartarin et des marchands de nougat : pantalon bleu ciel bouffant « à la spahi », veste rouge abondamment galonnée, fez. Il multiplie les salamalecs, se touche le front, se frappe le ventre, met ses mains en urne et finit par fabriquer en deux tasses grandes comme des dés à coudre d'excellent café que l'on paye 2 francs la tasse, pourboire non compris.

Le spécialiste, généralement Turc ou Algérien, à moins qu'il ne soit nègre, reçoit 100 francs par mois du restaurant et double ses appointements par les libéralités des clients.

Chef-chasseur

Où les dîneurs achèveront-ils leur soirée ? Au théâtre ou au music-hall, naturellement. Il convient de mander le *chef-chasseur,* personnage d'importance. Dans les maisons considérables deux chefs-chasseurs se partagent les prérogatives de la fonction : l'un se charge du vestiaire et du théâtre, l'autre des voitures. Dans les autres maisons, un premier commis-chasseur seconde le chef.

Quand vous quittez votre taxi devant la porte

du cabaret de luxe, vous ne payez pas le chauffeur : le chef-chasseur donne pour vous la somme que vous lui indiquez au passage. Il ne vous réclame rien : il note le numéro de votre table et dépose à la caisse une fiche que l'on annexe à votre addition.

A l'entrée, monsieur dépose canne, pardessus et chapeau; madame quitte fourrures, manteau ou sortie de bal : c'est le chef-chasseur qui les reçoit. C'est lui qui se charge de faire exécuter par son personnel toutes les courses, missions et commissions que lui confie la clientèle. Enfin, il représente au cabaret les établissements de plaisir : les théâtres et concerts cotés lui cèdent — moyennant dépôt d'un cautionnement de 150 à 200 francs — des carnets de billets. Voulez-vous deux fauteuils pour l'Opéra, une loge pour le Français ? Le chef-chasseur téléphone au bureau de location pour connaître les places vacantes, en note les numéros et vous apporte aussitôt les coupons numérotés de votre loge ou de vos fauteuils.

Les administrations des théâtres lui allouent une commission sur chaque billet placé.

Les gains du chef-chasseur, qui ne reçoit aucun salaire et paye de ses propres deniers une livrée rutilante, passent pour considérables. Il est difficile d'être renseigné avec exactitude sur ce point, les intéressés se refusant à toute précision. On prétend que les chefs des très grandes maisons amassent 30 à 50.000 francs par an, dus surtout à l'organisation clandestine des paris aux courses. C'est sur un revenu annuel de 40.000 francs que la veuve d'un chef-chasseur, tué accidentellement, basait devant les tribunaux sa demande de 150.000 francs de dommages-intérêts.

Le premier commis, placé à la porte, reçoit 150 francs par mois. Les autres, 90 à 120 francs. Les petits cyclistes débutent à 45 francs. Tous ces salaires sont payés par le chef-chasseur.

La danse

Le souper s'achève à son tour. La gaieté est bruyante. Les figures sont congestionnées. Les nappes sont souillées. Les rires des femmes se font aigus ; les voix des hommes montent. C'est l'heure de la danse. On serre les tables contre les murs, on range les buffets, l'orchestre attaque les valses lentes, « succès des concerts » que les dîneurs connaissent et qu'ils accompagnent de la voix et du couteau : le danseur et la danseuse professionnels s'élancent, saluent, s'enlacent et tournent en cadence. Elle n'a pas de nationalité de prédilection, elle est des Batignolles, à moins qu'elle ne soit Suissesse, Andalouse ou Danoise. Lui, vient surtout de l'Italie ou de l'Espagne. Il a des culottes, des bas de soie, un boléro de velours. Elle est en tutu. Ils gagnent 12 francs pour danser de minuit à 5 heures du matin. Leur rôle est d'entraîner les dîneurs par l'exemple, de réveiller chez les assoupis le goût de la danse, afin que le restaurant ne se vide pas, que la gaieté, alimentée par le champagne, se maintienne et monte et que s'établisse ou se fortifie la renommée d'établissement de plaisir du restaurant. Autour du couple, des amateurs tournent bientôt, c'est un vrai bal qui s'organise, un bal où le rire nerveux des femmes, les appels des hommes, les détonations des bouteilles, les chants d'accompagnement couvrent parfois la musique. Le danseur et la danseuse ne sont pas inséparables : elle danse avec des hommes qui l'invitent, il fait danser les dames qui le sollicitent. Ils enseignent aux clients les danses nouvelles, les « danses de caractère »; en façon de remerciement, les clients les désaltèrent.

Cependant l'aurore blanchit l'horizon. Les voitures de maraîchers, lourdes de choux en murailles, de carottes et de raves en longues bandes superposées, roulent lentement vers les Halles, au pas des chevaux endormis. Les balayeurs descendent dans la rue; les autos grondent et trépident aux portes des restaurants de nuit. Clients et clientes s'éclipsent ; les dames, devant les glaces, tapotent leurs cheveux fauves, adoucissent sous la poudre leurs joues enflammées par l'alcool, le tabac et les mets poivrés; sur les banquettes, ronflent des gentlemen au plastron taché; la porte des cabinets particuliers s'ouvre discrètement; l'orchestre se tait, le danseur s'assied, les derniers fêtards se retirent, quelques-uns aux bras tutélaires des garçons. L'enseigne électrique s'éteint, la fête est finie jusqu'au soir.

Alors les maîtres d'hôtel, inquiets, font l'appel de l'argenterie.

A Montmartre

Tandis que les cabarets de luxe première manière, les cabarets de la fête sérieuse, subissent la tendance générale et irrésistible à la concentration, tandis que les petites maisons et aussi les vieilles maisons : *Notta, Durand, Maison Dorée,* disparaissent et qu'un seul propriétaire dirige ou fait gérer vingt établissements élégants dans Paris; tandis que les Casinos des grandes villes d'eau et leurs restaurants appartiennent à la même Société par actions, les cabarets seconde manière, ceux de la fête frivole qui se célèbre à Montmartre, travaillent sous le régime de la libre concurrence : un patron par maison. C'est que le sort des seconds est si précaire, leur fortune si fragile, que les capitalistes ne lui témoignent aucune sollicitude. « Montmartre, disent-ils, ce n'est pas intéressant ». Pourtant, quand le sort favorise une « boîte de Montmartre », il attire sur elle non pas une pluie, mais une trombe d'or! Voyez plutôt: rue Pigalle, un homme avisé achète 25.000 francs un bar sans éclat et le transforme en restaurant de nuit à l'enseigne supposée de *L'Archiduc.* Il réalise la première année un bénéfice net de 150.000 francs, de 180.000 francs la seconde, de 260.000 francs la troisième ! Voilà l'avers de la médaille ; en voici le revers : ces établissements demeurent ouverts toute la nuit par l'effet d'une tolérance et non en vertu d'une autorisation régulière. Qu'une rixe violente éclate parmi la clientèle bigarrée, panachée, élégante et crapuleuse, brutale et raffinée, que des coups de revolver pétaradent, qu'en dépit de la bienveillance protectrice des commissariats de police — et de la Préfecture même — le scandale soit connu des journaux, et le Préfet de Police, par simple arrêté, ferme le restaurant. Du jour au lendemain, la maison qui réalisait 300.000 francs de bénéfices, sur la vente du champagne et le courtage de l'amour, est ruinée. Si même la tolérance n'est suspendue que pour un temps, la clientèle a été aspirée par les établissements concurrents, il faut recommencer un lancement. Un changement d'enseigne s'impose même souvent.

La brusque fermeture par autorité de police n'est pas la seule menace constamment suspendue sur « les boîtes de Montmartre ». Que la nouvelle se répande, dans les hôtels, dans les maisons meublées où gîte le demi-monde, qu'au *Cloître rose* ou à la *Petite Cythère* on vole les bijoux, les femmes parées qui font la gloire d'un cabaret de nuit désertent les établissements suspects, et les clients les suivent.

Les restaurants du Centre ne sont pas à l'abri de ces incidents, pensera-t-on. Sans doute, mais ils apparaîtront exceptionnels chez eux et ne détermineront pas la fermeture. Voilà pourquoi tel établissement aux fortes recettes vaudra 500.000 francs et un million même s'il est situé dans les environs de la Madeleine et trouvera difficilement acquéreur à 75.000 ou à 100.000 francs s'il s'érige au flanc de la Butte.

Pour achalander « une boîte de Montmartre »

Pour fonder ou diriger une telle maison, il faut être du « bâtiment », connaître le monde où l'on s'amuse, être connu de lui. Condition essentielle ; un restaurateur ordinaire échouerait. L'ancien maître d'hôtel, l'ancien garçon ou l'ancien gérant montmartrois qui « ouvre » un nouveau cabaret entre la place Clichy et la place d'Anvers risque son propre argent : pas de « bailleurs de fonds », très peu de crédit. Quelquefois, pourtant, il trouve des commanditaires chez les personnages que leurs fonctions appellent au Palais, avocats ou agents d'affaires qui s'intéressent à l'entreprise précisément à cause de leurs fonctions : ils comptent sur elles pour étouffer les « histoires » fâcheuses et prévenir l'ordre de fermeture. Les femmes, dans le restaurant de nuit montmartrois, ne représentent pas l'attrait *principal* mais l'attrait *unique:* dans le cabaret du centre la renommée de la cuisine n'est pas dédaignée : on sait qu'ici ou là « on mange bien ». A Montmartre, on ne mange pas : sauf aux réveillons de Noël et du Jour de l'An où l'on compose un menu de choix, on absorbe surtout des viandes froides, des gâteaux, des fruits et l'on boit du champagne. Il faut que les clients trouvent au cabaret des femmes nombreuses, jolies, vêtues avec chic et originalité. C'est tout ce qu'ils demandent. Le propriétaire ou le gérant doit donc connaître beaucoup de ces belles nocturnes et les engager à fréquenter son établissement de préférence aux établissements similaires. Car il ne s'agit pas de fonder la réputation de la maison sur une action lente et persévérante : il faut réussir tout de suite, détourner la clientèle des concurrents : qui sait si ce cabaret vivra encore demain? Après trois mois — c'est un dicton à Montmartre — un cabaret doit être lancé ou fermé.

Les femmes viennent et reviennent, les fêtards « professionnels » les accompagnent si le maître de la maison est honoré de leurs sympathies : voilà pourquoi le succès de l'entreprise dépend de ses relations, de son caractère, de sa valeur commerciale.

Les dames non accompagnées ne paient pas ou paient le demi-tarif. Il ne leur est pas accordé de commission sur les additions.

Clients

Tous les âges, toutes les conditions, toutes les nationalités. Des fils de famille qui boivent gaiement leur patrimoine ; des gens d'affaires, des étrangers en majorité — l'Amérique du Sud délègue à Montmartre une représentation particulièrement abondante —; des artistes « qui viennent voir »; des gens de course innombrables. Tous portent la queue de pie et le gilet blanc : l'habit est de rigueur. Mais, mieux que l'uniforme, une pareille licence de langage et de gestes confond ces hommes : à peine la nuit s'avance-t-elle que les voix montent, que les appels grossiers, que les épithètes cyniques s'entre-croisent. Du bruit, du bruit, il faut en faire beaucoup, il faut se dégager de toute contrainte pour se convaincre que l'on s'amuse. Le commerce d'amour laisse au vestiaire son masque hypocrite. Sur un regard, la femme accourt, s'assoit à la table, boit dans le verre du client. Sur un mot des consommateurs, le garçon s'approche de la fille esseulée.

— Ces messieurs vous invitent à prendre le champagne.

Celles que l'on ne convie pas se dispensent d'invitation et s'installent.

— Qu'est-ce que tu m'offres ?

Comme l'habit, le champagne, plusieurs fois par semaine, est de rigueur: on ne sert pas d'autre vin. En cabinet particulier, toute consommation est toujours comptée au prix du champagne. La bouteille coûte 20 francs et plus. Les gâteaux, les fruits, 10 francs l'assiette. On ne laisse pas les verres vides ou remplis à moitié : les garçons, silencieux, passent derrière les convives et les servent. Les bouteilles pleines remplacent sur la table, sans commande préalable, les bouteilles vides. On est vite ivre. Et puisqu'on est là pour s'amuser, on ne supporte d'autrui nulle gêne, même légère. Pour une chaise bousculée au passage, pour un regard à la compagne momentanée, on se jette d'abord des injures vertes, puis on fonce les poings en avant : gérant et garçons séparent vingt belligérants chaque nuit. Leur tâche est exténuante. Les Argentins sont particulièrement redoutés : leurs exigences sont inextinguibles et ils tirent leur revolver plus facilement que leur bourse.

Enervées par le champagne, excitées par la cupidité, affolées par l'ambiance, les femmes répondent à la violence de leurs compagnons : à coups de griffes, à coups d'épingles à chapeau, elles se disputent le riche client sur qui chacune réclame le droit de priorité.

Seuls, dans le bar qui prolonge la grande salle, restent calmes, distingués, observateurs froids bien qu'intéressés, les gentlemen dont la profession est de veiller aux amours de leurs compagnes et d'en supputer le « rendement ». Ceux-là ne s'enivrent pas ; ils parlent à mi-voix, avec correction. Ils ne participent pas aux querelles bénignes, ils voient d'un œil serein se prendre aux cheveux et s'entre-griffer les femmes qui représentent le meilleur de leur revenu. Pourtant, dans les grandes occasions, ces philosophes quittent leur nonchalante quiétude : c'est eux qui font entendre la voix sèche du revolver, au désespoir des gérants.

Mais que ne leur interdit-on l'entrée des cabarets ? Sous quel prétexte le ferait-on, en vérité ? Ils donnent à tous, aux nuits ordinaires, l'exemple de la décence et de la tenue. Et puis, à Montmartre, ils sont chez eux: c'est leur grand port d'attache. Ils pullulent comme morues à Terre-Neuve. Tant, que les gens des cabarets de nuit désignent certain carrefour en deçà du boulevard de Clichy de ce nom qui contient toute explication : *l'Aquarium.*

Les « non-désirables »

Pourtant, n'entre pas qui veut dans le cabaret de nuit : les chasseurs qui veillent à la porte et dissimulent dans leurs manches la matraque en caoutchouc, auxiliaire des expulsions difficiles, ont des consignes : ils s'opposent au passage des gens ivres — à moins qu'ils ne les reconnaissent pour les habitués —; ils renvoient les femmes punies ou fagotées. Leur perspicacité s'applique à reconnaître, dans la cohue de l'entrée, les femmes qui sont des hommes, et c'est une tâche malaisée : MM. Lucienne, Bobette ou Sidonie portent une perruque bouclée, une fausse poitrine, une croupe postiche, de vrais diamants et des toilettes de marque. On les prie poliment d'aller lever ailleurs, dans les cabarets spéciaux qu'à Montmartre chacun connaît, des fidèles pour le culte qui assura la notoriété de Sodome.

S'ils échappent à l'œil prévenu des chasseurs, c'est aux garçons qu'il appartient de les démasquer ; il faut refuser de les servir. Car on comprend combien l'admission, sur le marché, de ces concurrents déloyaux indisposerait la clientèle féminine.

. . . .

Pour que la musique ne se taise pas une minute, le cabaret de Montmartre entretient deux orchestres qui jouent alternativement. Le danseur et la danseuse créent les danses de « genre », *la chatouillarde, le pan-pan, la cuissette,* qui donnent aux soupeuses prétexte à faire valoir leurs avantages. On devine de quelles sollicitations la danseuse « pas bégueule » est l'objet. On l'invite, on la choie. Des troupes de petites Anglaises font le désespoir des amateurs. Elles sont six ; elles s'étagent de quatorze à vingt ans, elles viennent au cabaret sous la conduite d'une noire matrone, grave comme la Bible, qui ressemble à quelque dignitaire de l'armée du Salut. Les petites, fraîches, blondes, saines, rieuses, dansent ensemble, acceptent des consommateurs fleurs et champagne, sourient à tous et se retirent avec leur gouvernante sans que nul ait obtenu d'elles ce qui, dans ce milieu, s'achète si aisément.

Dans la nuit, un chanteur de café-concert se place devant le piano de l'orchestre et débite des pauvretés érotiques qui lui valent un cachet de quinze francs et le produit de nombreuses quêtes.

Au petit jour, les boulevards montmartrois offrent ce curieux spectacle de trottoirs déserts et de chaussées chargées d'autos (taxis, voitures de maîtres) qui ramènent dans le cœur de Paris les fêtards saouls et décavés. A Montmartre, on verse en une nuit autant de champagne qu'en boit dans un mois le reste de la capitale. En une nuit le sous-officier a bu sa prime de rengagement, l'employé ses économies d'un an, le bookmaker ses enjeux. Le joyeux Montmartre, terre de la fête folle, fabrique à lui seul assez d'alcooliques pour peupler abondamment la maison de fous qui porterait son nom.

L'ESTAMINET DES MINEURS

Deux heures du matin sonnent en tintement grave. Les feux qu'on voyait aux fenêtres des corons s'éteignent et les maisons s'endorment, abandonnées des mineurs qui s'en vont dans les puits. Ils se dirigent en troupes vers les petites lumières de la gare, le seul bâtiment qui veille encore au village. Un bonnet coiffe les hommes, un *béguin,* sous le chapeau de cuir durci qu'on nomme la barette. Sous le paletot, un bourgeron les vêt qu'on appelle *loque de fosses.* En bandoulière, une *mallette,* un sac de toile, renferme le gros morceau de viande et le pain qu'ils mangent, lorsqu'ils font le *briquet* dans la mine. Un baril de bois cerclé, un tonnelet de cantinière, contient la bière ou le café qui arrose le repas. Ils marchent silencieusement ; il n'y a que les *galibots,* les gars de 16 à 20 ans, qui sifflotent.

La locomotive, en attendant les houilleurs, se déleste d'un jet de fumée et d'un peu d'eau. Ils s'engouffrent dans le train, on entend le piaffement des ouvriers qui se casent dans les compartiments, la machine dit adieu au pays par un long coup de sifflet. Et le convoi se perd dans la nuit.

Il ramasse les mineurs dans tout le bassin, dans un rayon de cinquante kilomètres. Il va chercher ceux d'Hazebrouck, de Lillers, de Berguettes, d'Armentières, de Lagorgue, d'Estaires, de Merville, de Saint-Venant, pour les apporter aux mines de Bruay, de Nœux, d'Auchel (Marles), de Bully-Grenay. Des autobus sillonnent aussi la campagne, et la cargaison fraîche est prête à descendre à trois heures du matin.

Il sera quatre heures du soir, lorsqu'ils auront fait la journée de mine et que le train les aura ramenés au point de départ. Ils se laveront, ils souperont, en hâte, afin d'avoir leur ration de sommeil. Après quoi, la ménagère les réveillera pour qu'ils soient prêts à repartir. Le travail, le parcours prennent quatorze heures. Le travail est rude. Parfois, il faut piocher à genoux et sur le côté, faire des contorsions pour abattre le combustible. L'eau qui ruisselle des voûtes atteint les jambes et la ceinture, la poussière imprègne la peau et les poumons; les déformations, l'anémie font réformer bien des jeunes mineurs par le médecin-major au conseil de revision. Ils n'ont pas leur part de soleil, certains n'auraient pas leur part de plaisir s'ils ne possédaient l'alcool et le cabaret.

L'Alcool

Ils boivent leur genièvre avant de partir pour la mine, des chopes à l'estaminet avant de descendre dans la fosse. Ceux qui demeurent près des puits peuvent s'offrir des tournées à la remontée. Ceux qui demeurent loin boivent le samedi. A la quinzaine, la bière coule en chopes, en pintes. Quand on a pris trois ou quatre chopes, on absorbe des bistouilles fortement additionnées de rhum et de cognac. Tout est à deux sous. Sur la table de l'auberge, les chaufferettes servent à l'allumage des pipes; la bière blonde va des brocs dans les verres. La bistouille fait « descendre » les pintes. Les galibots qui ont travaillé dur,

> Les galibots pas plus haut qu'une botte
> Mais qui faut vir ouvrer d'ins l' tros
> Poussant l' berlines commi trott'
> Les courageux p'tiots galibots.

les galibots se saoulent comme les adultes (1), et dans les villes, Béthune, Lens, s'en vont vers les tavernes mal famées où les servantes accueillent les petits gars des fosses.

L'argent que le bureau donne file à l'estami-

(1) Il nous semble inutile de dire qu'on rencontre heureusement chez les mineurs beaucoup d'hommes assez forts, assez dignes, assez émancipés pour résister aux tentations du cabaret.

net. Cela dure le samedi soir, le dimanche, et l'on n'est pas très vaillant le lundi. L'heure de la fermeture, de la *retraite,* peut sonner; la cloche spéciale de l'église, en quelques villages, peut ordonner au débitant de fermer les portes du café, souvent les clients se retirent dans l'appartement du patron pour continuer à vider les verres. Mais les « noces » de quinzaine sont jeux de nains à côté des beuveries de la Sainte-Barbe.

Sainte-Barbe arrive, chargée de toutes sortes d'agréables choses. Mais il faut que les mineurs gagnent les objets qu'elle apporte; il faut qu'ils amassent beaucoup d'argent. Aussi la quinzaine qui précède Sainte-Barbe est-elle une époque de travail acharné. Il y a des ouvriers qui, pendant ce temps, ne voient pas la lumière naturelle, ils besognent comme des forcenés, ils sont de jour, ils sont aussi de nuit; ils dorment à peine quelques heures, ils suent, ils se démènent, ils se surmènent, ils abattent des monceaux de charbon, parce qu'ils sont payés à la quantité et qu'ils veulent acquérir un salaire énorme.

La paie vient enfin interrompre ce labeur. Les uns ont gagné 15, 18 francs par journée double, les autres ont ramassé, dans la période, plus de 300 francs. Les commerçants jubilent, c'est l'époque des grands achats, les mineurs font emplette de vêtements, de montres, d'accordéons, de bicyclettes même. Et de coqs. Les colporteurs et les forains accourent. Les cabarets ne désemplissent plus.

Pendant cinq jours, c'est la fête; les tonneaux de bière sont vidés, les rues ne sont plus assez larges pour les ivrognes. On boit pour retrouver de nouvelles forces après la quinzaine de fatigues. Mais après les saouleries on est harassé.

Les compagnies minières encouragent les mineurs ; elles versent *la prime de stimulation.* Celui qui, pendant la quinzaine de Sainte-Barbe, a touché le plus haut salaire par sa surproduction reçoit, en outre, un cadeau de 150 francs. Il y a aussi des prix pour le second, le troisième, les premiers suivants. Bonnes aubaines! On boit les gratifications.

L'Éperon

La bière, la bistouille, le genièvre ne sont pas les seuls agréments du cabaret. Il fait couler le sang comme l'alcool, pour la satisfaction des inconscients. En hiver, les estaminets « font battre », c'est-à-dire organisent des combats où les coqs « batillards » (batailleurs) sont mis à mort.

Aux fidèles amis, A l'Espérance, Au Coq hardi. Sur les enseignes grises, on lit le nom du propriétaire, un nom composé flamand. Une affiche ornée d'un petit dessin qui représente un coq annonce les combats du dimanche. « Chez X... Charles, route de Burbure, dimanche, on battra 7 pour 20 et lundi on battra 5 pour 15. »

Il y a, dans la cour de l'estaminet, un carré avec une bordure basse, un parc dans lequel les coqs se rencontrent. Le plus souvent, c'est un duel, mais parfois on met ensemble vingt animaux et, pour que la partie s'achève, il faut que 19 coqs soient assassinés. Le combat ne finit que faute de combattants.

Les coqueleux arrivent portant les bêtes dans des sacs en toile blanche. On perçoit quelques sinistres cocoricos. Le lieu tient du marché et de l'abattoir. Les *armeurs* assujettissent à l'ergot scié des coqs les éperons d'acier. Furieux, ils vont combattre du bec et des pattes.

Attentifs, passionnés, les fermiers, les mineurs sont autour. Ils parient quarante sous d'enjeu. Mais le coqueleux, sûr de sa bête, parie cinq francs contre quarante sous.

La partie commence. Pour que les animaux aient l'ardeur de la lutte, il faut qu'ils soient en feu, comme on dit. On les a préparés, on les a isolés, on les a privés de poules. Chaque bête s'imagine que son adversaire lui a volé ses poules, l'a fait jeûner.

Elles foncent ! Quel morne, quel répugnant, quel monotone combat ! Pourtant, les assistants écarquillent les yeux et font silence. Il arrive que les coqs donnent des leçons aux hommes. Ils refusent la bataille. Ils s'envolent par-dessus la clôture. Les gens n'insistent pas, ils disent : « Les « cos » veulent acheter des cigares en Belgique, ils passent la frontière. » La partie est nulle.

Elle n'est pas souvent nulle. On voit une mêlée d'ailes frémissantes, des corps à corps, des débris de plumes. Puis un coq reste immobile; l'autre belligérant le pique du bec sur la crête. Le combat reprend, les bêtes tournent dans un petit cercle, l'une sur l'autre; on aperçoit une mince traînée de sang, à peine quelques gouttes. Les éperons, qui ressemblent aux alènes des cordonniers, entrent dans les chairs. Les curieux ne font pas un mouvement, il y a des bouches ouvertes et des yeux aussi grands que des bouches. Les parieurs souffrent quand est touchée la bête en laquelle ils ont mis leur espoir. Le bataillard est blessé au jabot; son propriétaire porte la main à la poitrine comme si lui-même avait reçu le coup! Et voici qu'un des coqs s'abat, les pattes en l'air. Le vainqueur l'abandonne aussitôt et promène sur les parieurs un regard qui semble dire : Brutes, êtes-vous contentes ?

Nous ne l'avons pas entendu chanter après l'attaque, nous ne l'avons jamais vu piétiner le mourant. Pourtant, la légende veut qu'il célèbre sa victoire en chantant et en marchant sur le corps de son ennemi. Trois minutes s'écoulent. Si le coq vaincu ne s'est pas relevé, la bataille est finie. *Y est jus !* (Il est mort).

Alors de grands cris retentissent, des bras se lèvent, des poings se tendent, les perdants contestent leur défaite. Après la tuerie des animaux, c'est la querelle des hommes. On emporte les coqs dans les sacs, on fait de nouveaux paris qu'on arrose, on pinte, on lampe, l'ivresse gagne les coqueleux. Elle sera chaude. Quand les parties auront succédé aux parties, quand la journée sera très avancée, les disputes deviendront des rixes. Elles ne se déclareront pas tout de suite; quelquefois, le gagnant et le perdant se sont attablés l'un en face de l'autre au cabaret. Tous deux auront dans le sac blanc comme un linceul les *bataillards*, l'un mort, l'autre vivant. On choquera les verres. Le perdant prendra un éperon dans sa poche : « *en faisant semblant de rien* », sournoisement, dans le sac qui contient la bête victorieuse, il enfoncera l'acier pour la transpercer.

On aura la boisson mauvaise : il y aura des coups de poing et des coups de couteau.

Quand le coqueleux ramène chez lui son coq blessé vivant et vainqueur, il lave les plaies de la bête avec sa salive; il se relève la nuit pour lui infiltrer dans le bec une goutte de cognac qu'il tient dans sa bouche. Cette sollicitude s'explique; le coq acquiert une réputation qui se monnaie. Il peut être vendu s'il a triomphé de nombreux adversaires : cent, cent cinquante, et jusqu'à deux cents francs. Des mineurs n'hésitent pas, à la Sainte-Barbe, à payer un coq de race cinquante francs. Sa nourriture est soignée, on lui donne de l'avoine et du lait. Il continue sa carrière belliqueuse et il agonise une après-midi, criblé de pointes, dans un parc d'estaminet.

Les compagnies minières ne se désintéressent

pas de ces jeux sanglants, elles ont soin d'assurer aux ouvriers mineurs les spectacles qu'ils affectionnent. Elles ont subventionné le *gallodrome,* l'installation démontable qui va de ville en ville dans le bassin, le cirque qui permet à la foule d'assister à de grands combats. Là, les enjeux sont bien plus forts qu'au cabaret; la ville et la campagne, les riches et les pauvres s'émeuvent. On boit au gallodrome comme à l'estaminet. Le marchand de chopes, entre deux parties, parcourt les gradins : « Qui a soif ? » Tout le monde veut boire.

Les notabilités offrent des prix aux coqueleux chançards. Ils montrent orgueilleusement des plats d'étain gravés où l'on voit l'effigie du bataillard qui remporta la victoire, avec le portrait de son propriétaire. Ils font admirer aussi le coq en porcelaine, « grandeur naturelle », offert par le député de la circonscription.

C'est de la Belgique, assure-t-on, qu'est venue la distraction sanguinaire. Dans la région du Nord et du Pas-de-Calais, les combats sont livrés jusqu'à la fin de juin (1).

Après la saison des coqs vient la saison des canards.

---

(1) M. Urbain Gohier, dans son livre émouvant, *Pour nos victimes : les bêtes,* s'est élevé avec éloquence contre les combats de coqs et tous les meurtres inutiles d'animaux.

Le fusil

Dans la cour du cabaret, on installe une cuve à moitié remplie d'eau. On attache, au fond, une ficelle et à la ficelle un canard. Il nage à la surface. Les joueurs, ils sont quelquefois trente, quarante et cinquante, se placent à trente mètres du baquet, le fusil chargé de cartouches à plomb, de projectiles que les armuriers fabriquent exprès pour ce tir. Le sort désigne l'ordre des joueurs; ils visent à la tête, car le plomb glisse sur les ailes.

Le canard tué, un autre prend sa place. Il y a autant de canards à tuer qu'il y a de joueurs à distraire. Et chaque joueur verse deux francs mais il exige qu'on mette dans la cuve de jeunes bêtes seulement. Le bruit de la fusillade éclate dans tous les cabarets, le dimanche. Le profit du débitant, c'est la vente des consommations; le tueur emporte le canard, et le plus adroit des tueurs gagne, en prime, une oie.

Coqueleux, canardiers, ils sont pinchoneux par surcroît. C'est dans les *ducasses* qu'on assiste aux concours des pinsons auxquels on a crevé les yeux avec une aiguille à tricoter rougie, pour les faire chanter joliment. Quand le pinson a perdu la vue, il ne sautille plus, il ne volète plus en cage, le chant reste sa seule distraction, il devient bon chanteur.

Ro tio tio tio tio chi vio.

Ce chant-là est considéré comme déplaisant. Ce qu'on veut obtenir c'est le beau gazouillis, le *ro tio tio tio tio pi chouic*.

Et pour avoir le *pi chouic* final, on aveugle les petits pinsons !

L'Oubli

Les gens de la mine ne sont pourtant pas plus méchants que les autres. On leur ferait connaître des divertissements moins meurtriers qu'ils les accueilleraient. Ils ne sont pas forcément les bourreaux des bêtes. Ils aiment à élever les animaux. On voit parfois aux fenêtres des corons, des poussins en cage. Quelques ouvriers s'intéressent aux pigeons voyageurs. Tous ces hommes aiment les concours. C'est à qui enverra le plus de piques dans le tronc d'arbre, au jeu du javelot. Ils organisent des matches originaux. Deux mineurs commandent des chopes. Chacun plonge sa montre dans sa chope. Ils vont faire un tour dans la cour, puis reviennent au cabaret. Les montres, immergées dans la bière, s'arrêtent, mais pas au même instant. Le propriétaire de celle qui a marché le plus longtemps a gagné la curieuse partie. On prétend que les populations se soulèveraient si l'on supprimait dans les cabarets les combats de coqs et les tueries de canards. La vérité est que personne là-bas ne songe à interdire ces sauvageries. On laisse le mineur s'amuser comme il l'entend. Pendant qu'il torture la gent ailée, il ne pense pas à la tristesse de son existence, il oublie qu'il est frappeur au fond, que son fils est galibot, sa fille trieuse, qu'ils habitent les mauvais logis à 5 et 7 francs de loyer mensuel; que sa femme, s'il meurt, habitera dans le coron le logis à 4 francs des veuves; que toute sa vie, la vie des siens, est la propriété de la mine. Il oublie, il tue, il boit.

Le revenu

Le débit est un placement de premier ordre pour les capitalistes du Nord. Les grands brasseurs achètent des terrains pour construire et aménager des estaminets. Ils y installent des commerçants qui payent un loyer et prennent l'engagement d'acheter à leurs propriétaires toute la bière que vend le cabaret.

La combinaison est si rémunératrice qu'elle donne lieu à de grandes spéculations. Les brasseurs essaient d'acquérir les *bons endroits,* le croisement des routes où piétons et charretiers s'arrêtent, les domaines sis à l'entrée des fosses. Les estaminets ouverts à cette dernière place consomment la bière par tonnes. Lorsque les compagnies décident d'ouvrir un puits nouveau, les négociants se disputent l'achat des terrains voisins, qui atteignent des prix fabuleux. Les sociétés minières se portent acheteuses elles aussi. Elles prévoient l'établissement d'autres fosses.

Elles sont propriétaires pour éviter que des particuliers construisent des bâtisses sur un sol que les travaux de la mine peuvent fissurer, ce qui détermine des expropriations ou des dédommagements onéreux. Elles sont souvent en concurrence avec les brasseurs qui veulent à tout prix établir des cabarets.

Dans Béthune, la ville au beffroi enchâssé dans les maisons, la petite cité qui s'enorgueillit de posséder 28 millionnaires, le terrain attenant à la prison s'est vendu 50 francs le mètre carré. On boit beaucoup autour de la prison. Et nous avons compté à l'annuaire 350 débits dans Béthune, la ville de 15.000 habitants.

Propos de Cabarets

Il pleut. Par la vitre de l'estaminet, on aperçoit les gens des fosses et les femmes de la lampisterie qui s'abritent sous la passerelle en attendant le train qui les mène au village.

— Lisa... une tournée de pintes ! A la vôtre, mes camarades.

Il y a dehors du beau monde ! Voici l'ancien militaire qui part en tournée dans son automobile. Il va racoler dans les communes les gas qui veulent être mineurs. Il y aura du peuple à l'auberge, là où il a donné rendez-vous !

Voici dans sa calèche la dame-touriste qui visite le pays noir. Elle est descendue ce tantôt dans le puits. Elle avait des bottines jaunes qui lui montaient, comme des bottes, haut sur les jambes. Elle s'est mis en tête de détacher du charbon. On lui a prêté un outil. Elle a frappé et elle a dit : « Mais ça n'est pas dur à détacher, la houille ! »

On lui avait indiqué l'endroit où l'explosif avait travaillé la paroi. Alors je lui ai conseillé de frapper en haut, à la voûte. Elle a cogné tant qu'elle a pu, elle n'a pas détaché un seul morceau.

Elle a fait : « Je comprends maintenant que votre travail est pénible... »

... Heureux celui qui descend dans le trou pour le visiter...

Apporte la bistouille, petiote. Ça fait chaud, après tout ce liquide. Et j'ai besoin d'avoir chaud. Je grelotte, je suis malade. Dois-je aller voir le médecin de la Compagnie ? Je sais trop ce qu'il ordonne: une tisane, une purge. De la purge, une tisane, il n'a pas d'autre remède... Je vais rentrer dormir, après m'être débarbouillé.

Tout de même, on avait parlé d'installer sur le carreau des appareils à douches, pour que le mineur se lave à la remontée... Ç'avait été dit. Ça n'a pas été fait. Il y en a qui demeurent loin, qui sont très fatigués. Ils n'ont pas le courage de se faire savonner, en rentrant chez eux. Ils restent toute la semaine avec leur poussière et leur sueur. Ils sentent mauvais. C'est l'exception. Le mineur est propre. Il se fait laver du haut en bas tous les jours. Seulement, il y a beaucoup d'enfants et pas beaucoup de place dans les corons. Il y a des hommes qui n'ont pas de pudeur, qui ne font pas sortir la marmaille quand la femme les débarbouille des pieds à la tête. C'est mauvais pour les gosses, voyez-vous. On devrait pouvoir se laver en haut de la fosse. Mais voilà, on ne s'occupe pas de nous. Il faut une grande catastrophe pour qu'on pense aux mineurs. Après Courrières, la direction a supprimé les lampes à feu nu qui se piquaient au chapeau et donné les lampes à benzine. Elle a fait construire les appareils à oxygène pour respirer dans les mauvais endroits. Et puis c'est tout. Elle se moque pas mal des gueules noires.

Elle fait travailler la nuit les galibots de seize ans... Je croyais que le travail de nuit était interdit aux enfants qui n'avaient pas dix-huit ans révolus... C'est écrit dans la loi. Mais les patrons sont rois dans les puits. Charbonnier est maître chez lui, hein. Ils mettent de nuit les galibots deux ans trop tôt. Qui trouve à redire ? Personne.

Je croyais qu'il y avait des délégués mineurs pour faire respecter la loi ! Mais le jour qu'on les élit, le chef, le porion, qui est quelquefois un cabaretier, nous conduit au vote. Il y a le candidat qui n'est pas mal vu de la Compagnie minière; il y a le candidat qui n'est pas bien vu. On a bien du mal à faire nommer le second. On n'y réussit pas toujours.

Il y a des Compagnies qui n'interviennent pas dans les élections législatives. Mais toutes les Compagnies, dans le bassin, font de la pression pour faire nommer les délégués mineurs qui leur plaisent (1).

*
* *

— A la vôtre, les amis.

Les riches ont le dessus. Il y a quelques années, l'eau monta dans une galerie. Un grand journal du pays annonça que c'était la fin de l'exploitation, que les fosses étaient perdues à jamais. Nous, on se demanda s'il faudrait quitter les corons, trouver un autre métier. Les actions des mines valsèrent à la Bourse, elles baissèrent de centaines de francs. Les bonnes gens vendirent leurs titres, ceux qui n'avaient pas peur les achetèrent pour un morceau de pain. Alors le journal se mit à dire que les mines n'étaient pas menacées, que c'étaient des infiltrations de rien du tout dont on était maître, qu'il n'y avait pas à s'émouvoir. Les bonnes gens furent ruinées, ceux qui n'avaient pas eu peur devinrent millionnai-

(1) Notons que malgré la pression exercée par les compagnies, les ouvriers élisent souvent des délégués pleins de dévouement et de vaillance. On n'a pas perdu le souvenir du délégué Simon, dit Rick, du courage, de la perspicacité qu'il montra pendant la catastrophe de Courrières, des dix-sept mineurs qu'il sauva, du hautain refus par lequel il répondit au président du Conseil, Clemenceau, qui lui offrait la croix de la Légion d'Honneur.

res puisque les actions se mirent à grimper de cinq cents francs par jour.

— Mais le journal qui avait lancé la nouvelle inquiétante ne fut pas poursuivi par la Compagnie ?

— Bébé ! ils étaient d'accord, la mine rachetait ses actions.

Je cause... Que pouvons-nous à tout cela Est-ce que cela nous regarde ?

Hein, Auguste, *dimanche in va amout Martens faire batt chez co.*

Va, donne-nous un p'tiot verre, petiote Lisa !...

DANS LA VILLE DU « PETIT SOU »

Sur les quais de Rouen

Si l'on faisait l'appel des départements frappés d'alcoolisme, Seine-Inférieure se présenterait le premier (1). On sait qu'en Normandie la population presque entière boit de l'alcool, hommes, femmes et enfants, bourgeois et ouvriers. On sait que, tandis que la consommation du breuvage homicide quadruplait en cinquante ans dans l'ensemble du pays, elle décuplait en Seine-Inférieure.

Aucune corporation n'est plus cruellement frappée par l'alcool que celle des dockers qui vivent sur les quais de Rouen.

---

(1) Le département du Finistère vient ensuite. Notre enquête sur les ravages de l'alcoolisme dans les ports pêcheurs bretons se trouve dans notre petit livre, *La classe ouvrière,* auquel nous nous permettons de renvoyer le lecteur que ce sujet pourrait intéresser.

Comment on devient docker

Les dockers procèdent au chargement et au déchargement des navires. Ceux qui travaillent la houille sont les *charbonniers;* ceux qui travaillent les céréales sont les *grainetiers;* ceux qui n'ont pas de spécialité et « coltinent » toutes les marchandises sont les *divers*. On se fait docker quand on ne peut exercer aucun autre état. Car le métier est dur; il écrase son homme sous de rudes fardeaux et il le rétribue avec parcimonie. Et puis il n'assure pas un travail régulier : aujourd'hui on peine quinze heures dans les cales étouffantes du bateau, demain on se croisera les bras, en attendant que des navires accostent au port. Surmenage ou chômage, alternatives qui démoralisent l'ouvrier et, l'empêchant d'établir un budget, le contraignent à vivre au jour le jour. Les « dockers nés » ce sont les enfants de pauvres qui, dès neuf ans, grapillent sur les quais, triant le charbon, galopant pour acheter « la boisson » des hommes, donnant « un coup de main » aux charretiers, s'exerçant à porter des fardeaux, de plus en plus pesants à mesure que grossissent les muscles des gamins. C'est ainsi qu'un matin le moussaillon qui traînait le long des piles de bois, entre les monticules de charbon, parmi les ballots de coton, est embauché dans une équipe.

Les dockers « accidentels » sont les chômeurs de toutes les corporations : le terrassier, le charpentier qui n'a pu trouver « d'embauche » par la ville et qui va chercher « du boulot sur les quais » en attendant de reprendre la route; c'est aussi le « déclassé », le clerc de notaire ou d'huissier, le commerçant en rupture de boutique, l'employé en rupture d'emploi, qui savent que, sur le port, on accorde la besogne sans poser de questions indiscrètes. « Y a des bacheliers chez nous », disent des dockers avec quelque fierté. C'est vrai. Il y en a même beaucoup. Car ces épaves se fixent là. Elles s'y plaisent. Le travail est pénible, mais on l'a ainsi organisé que d'heure en heure la charitable boisson vient endormir la peine. Le *grainetier* doit être aussi fort qu'un porteur aux Halles, mais les autres dockers ne sont tenus que d'être robustes et non athlètes. Et puis, une autre force rive beaucoup d'hommes sur le port : les tentations sont pressantes, des fûts de bon vin, des barriques ventrues pleines d'eau-de-vie s'alignent en bataillons serrés, en régiments entiers dont les dernières files se perdent là-bas, vers Quévilly. Que de délices encloses en ces tonnes que rien ne protège, car l'accès des quais est libre nuit et jour. Alors le soir, certains se glissent entre deux tonneaux avec une vrille et, accroupis, ils *piquent* la pièce pour boire au chalumeau. Après ils mastiquent l'étroite brèche. Mais souvent la poigne d'un agent les met debout. Et c'est trois mois de prison : on est sévère à Rouen pour les piqueurs de fûts. L'homme a un casier judiciaire : partout où il se présentera il lui faudra cacher sa « marque » infamante. Partout — sauf sur le port. Là, on est indulgent à sa faute, on la juge si naturelle! Pourquoi quitterait-il ce milieu bienveillant ? Il reste, et voilà un client définitif pour les cabarets du port.

Au travail

Le chef d'équipe est le mandataire de l'armateur ou de l'entrepreneur de manutention. C'est lui qui embauche, à six heures du matin. Il se tient sur le quai, derrière sa balustrade de bois ou dans sa cabine qui ressemble à une guérite. Il demande 30 dockers : 200 ouvriers en guenilles, des chaussons de lisière aux pieds, le cou nu, la nuque marquée de tous les poids qu'ils ont portés, se bousculent, se repoussent, se disputent la place : c'est à qui arrivera au premier rang pour se faire remarquer du chef. Beaucoup ont encore le visage et les bras noirs du charbon qu'ils ont déchargé la veille. Les premiers de la foule sont engagés. Certains sont évincés, cependant : les ouvriers qui s'essaient à grouper leurs camarades pour des revendications communes ; il est des membres du bureau syndical qui furent mis à l'index, durant deux années consécutives, à cause de leurs fonctions dans l'organisation ouvrière. Refusés aussi le charpentier au pantalon large et au bourgeron propre, le tailleur de pierre tout de velours vêtu : trop élégants, ces candidats ; dans les équipes, on s'étonnerait, on murmurerait : « Qu'est-ce que ces « monsieur » viennent faire ici ! » Si le compagnon tient à se faire embaucher, il lui faudra généralement vendre ses habits trop décents et acheter la défroque dépenaillée, l'uniforme de misère que portent tous ses compagnons.

Il est des contremaîtres « nourrisseurs » ; ils n'embauchent que les hommes qu'ils logent, nourrissent et abreuvent, leur reprenant d'une main ce qu'ils leur ont versé de l'autre.

Le travail commence à six heures et demie. Les uns, à fond de cale, emplissent les bennes de charbon : ils séjournent dix heures dans l'antre obscur où la poussière de houille tend son opaque rideau; les autres ensachent à la pelle le blé qui dégage une poussière plus âcre et plus desséchante encore; d'autres portent sur leur dos les produits caustiques, les pyrites, le soufre, la chaux, le ciment, qui mettent la chair à vif et gravent sur le corps le contour des sacs ; d'autres, enfin, à terre, effectuent le transbordement aux wagons, aux docks, aux chantiers (1).

---

(1) *Salaire des dockers à Rouen.*

Divers, qui transportent les produits insalubres, les charges dangereuses, et fournissent le contingent de blessés le plus élevé, reçoivent 4 fr. 50 par jour (« débauchables » à volonté, préavis : une demi-journée).

Grainetiers : 6 francs pour transport de 450 sacs, et 1 franc ou 1 fr. 50 pour 100 sacs supplémentaires. Le poids du sac varie de 75 à 100 kilos. Le grainetier doit transporter environ 40.000 kilos pour gagner 6 francs.

Le *charbonnier* est payé *à la tonne* (travail aux pièces)

Dans les cales, il arrive que se brisent les chaînes des appareils élévateurs, que les bennes retombent, assommant les travailleurs; sur les quais, il arrive que s'écroulent les piles de bois, que roulent les tonnes de vin, que les wagonnets déraillent et se renversent : les accidents qui frappent les dockers sont si fréquents, que les compagnies d'assurance demandent des surprimes aux entrepreneurs de manutention.

L'autorité du chef d'équipe est déléguée, dans chaque cale, aux *chefs de bordée*. Chacun d'eux commande à huit hommes. Ce caporal, responsable du travail, est choisi parmi les dockers les mieux doués. Mais le grade revient de droit à l'ouvrier qui, au cours d'une grève, a abandonné ses camarades : les « galons » de chef de bordée sont la récompense du « jaune », régulièrement.

---

ou à l'heure : 0 fr. 75, soit 7 fr. 50 par jour avec minimum de tonnes imposé et prime pour les charges complémentaires.

Le salaire des dockers est très variable en France, selon les ports. A Cette, à Nice et à Dunkerque, les *divers* reçoivent 8 francs pour 8 heures. L'alcoolisme en ces trois villes a diminué dans des proportions considérables.

A Brest et à Lorient, ils reçoivent 3 fr. 50 pour 10 heures. L'alcoolisme exerce parmi eux d'affreux ravages.

Ce qui démontre l'efficacité, dans la lutte anti-alcoolique, d'un salaire qui permet l'alimentation normale et d'une courte journée de travail, qui laisse le loisir utile à la réflexion et à l'éducation.

La journée

A huit heures, les dockers reçoivent un premier acompte pour *la croûte*. Le chef d'équipe fait la paie dans son petit bureau : la loi qui interdit de remettre les salaires au cabaret est respectée dans sa lettre. Mais généralement les chefs de bordée reçoivent l'argent de leurs hommes et c'est au cabaret qu'ils effectuent la répartition. Le travail est suspendu durant quinze ou vingt minutes; les dockers s'attablent dans les débits qui font aux quais une bordure ininterrompue.

Certaines buvettes sont des baraques de bois, meublées de bancs et de tables grossiers et garnies de tonneaux d'eau-de-vie superposés. Il est de ces baraques qui portent une enseigne brutalement franche: *Au dernier sou*. Les dockers mangent là : 1 sou de pain ; 1 attignole (hachis de charcuterie et de mie de pain) ou un paquet de « coine » qui coûtent un sou ; un cervelas (rognures de charcuterie fortement additionnées d'ail qui altère) dont le prix est deux sous.

Ils arrosent cette pitance d'un *demi-setier* ou d'une *chopine* de vin rouge à 50 centimes le litre. Et ils absorbent enfin l'indispensable *petit sou*, la spécialité rouennaise. C'est un sou de café additionné d'un nombre indéterminé de « petits sous » d'alcool. A un « sou de café » on ajoute couramment jusqu'à 40 centimes d'eau-de-vie.

Le travail reprend. Onze heures: nouvelle paie,

nouvelle pause pour la *boisson* ou la *bleue* (1). On prend l'absinthe à 20 centimes le verre ou la *mominette*. Avant l'application de la loi qui impose à l'absinthe 65 degrés d'alcool, nombre de débitants mettaient en vente un produit qu'ils verdissaient artificiellement; cette drogue se décomposait si vite que le contenu d'un verre qui n'avait pas été consommé sur-le-champ devait être jeté au ruisseau.

La bleue! Elle s'impose : sans elle on ne pourrait déjeuner. Il n'y a pas dix ans, l'ouvrier havrais déposait sans rien dire deux sous sur le comptoir, on versait de l'absinthe au fond de son verre et il allait prendre son rang dans la longue file de camarades qui passaient devant le robinet à eau : cela s'appelait *boire la petite*. Le débitant, à la sortie des docks, versait à l'avance 300 *petites* dans les verres. Cette coutume a disparu à cause de la cherté du produit. Mais on prend toujours le *petit père*, abréviation familière du « petit pernod » à 20 centimes. Et surtout on raffole de la *demi-vapeur*, mixture « carabinée » à base de bitter qui ajoute au cognac du curaçao et du cassis et vous saoule un homme avec célérité.

Les bordées reprennent la besogne avec une ardeur nouvelle et la quittent à midi pour absorber le repas principal. Acompte sur le salaire,

(1) Toutes les catégories n'ont pas droit à cette pause : les *divers* n'en bénéficient pas.

dispersion dans les débits. Voici le menu qui doit permettre à ces ouvriers de réparer leurs forces épuisées par une activité musculaire intense :

Une portion de ragoût ou de poisson ou de foie à l'oignon : 20 centimes (15 centimes autrefois; la cherté des vivres s'est rudement marquée ici).

En *hiver :* une soupe (faite de graisse, d'eau et de sel : on met le pot-au-feu le lundi et durant toute la semaine on ajoute de l'eau et de la graisse au bouillon) : 10 centimes.

En *été :* la soupe est remplacée par une salade verte, une salade de haricots ou de pommes de terre.

Ils arrosent ce repas soit de *boisson,* petit cidre de seconde ou de troisième pressure, largement additionné d'eau, qui coûte 10 à 15 centimes le litre, soit d'une chopine de cidre à 30 centimes, soit de vin d'Algérie à dix sous.

L'heure du « petit sou » est enfin revenue. On entend lancer à tue-tête les commandes :

— Un et deux de quarante !

— Un et quatre de quarante !

— Un et huit, et dix de quarante !

Ce qui veut dire :

— Un sou de café et deux sous d'eau-de-vie à quarante sous le litre.

— Un sou de café et huit sous et dix sous d'eau-de-vie...

« Un de pipe » se traduit par « un sou de cigarettes ».

Les raffinés demandent :

— Un café au lard.

C'est le café additionné *d'absinthe pure !*

Le tapage est assourdissant à tel point que les autres ouvriers ne le peuvent supporter et quittent la place : les gars du bâtiment, nous confiait le secrétaire de l'Union des Syndicats de Seine-Inférieure, qui s'attablent pour dîner dans les débits de dockers se gardent bien d'y retourner.

Les « petits sous » renouvelés, certains ouvriers dorment, les avant-bras appliqués sur la table; d'autres réclament de nouvelles consommations.

Il en est que l'on débauche à midi et qui ne sortent du cabaret qu'à la nuit, après y avoir laissé la totalité de leur paye.

Suivant les catégories, la rentrée s'effectue à une heure ou à une heure et demie. A trois heures et demie ou à quatre heures, dernier acompte et nouvelle pause pour la *boisson*. A six heures et demie ou à sept heures (le moment de la sortie change avec la spécialité) le solde de leur salaire est versé aux ouvriers qui, pour l'apéritif, emplissent les débits du port.

Le déchargement d'un bateau rapporte 300 francs par jour au cabaretier le plus proche.

Les équipes des *divers* prolongent rarement leur journée au delà de sept heures. Les travailleurs payés aux pièces n'hésitent pas à passer une nuit entière au travail, deux jours et deux nuits consécutifs s'il le faut, pour vider le bateau: cela s'appelle *faire une veillée.* Après, ils chômeront durant trois jours, répandant parmi les maisons de bois où l'alcool coule à pleins tonneaux le salaire majoré qu'ils auront conquis par 72 heures de besogne. Mais l'entrepreneur ou l'armateur aura réalisé la forte économie en évitant le droit de *surestarie,* cet impôt dont on frappe les bateaux attardés à quai et qui, pour un bâtiment de 2.000 tonnes, s'élève à 500 francs par jour.

La somme vaut qu'on stimule le zèle des dockers : buvez, les gars, pour vous donner des bras, la boisson ne fait pas peur aux hommes, elle ne rebute que les « feignants ».

Et sur les chantiers mêmes, dans les cales, entre les pauses prévues, on boit : l'*anglaise* ou le *jambinet* circule, c'est une bouteille que la bordée fait chercher par un gamin : elle est pleine d'absinthe pure ou de café additionné d'eau-de-vie dans cette proportion : un quart ou un cinquième de café pour trois quarts ou quatre cinquièmes de « goutte ». Le flacon passe de bouche en bouche et les hommes, fouettés par le corrosif, le visage congestionné sous le masque de poussière que la sueur creuse de ruisselets, les yeux flambants, le torse nu, abattent la besogne, « coltinent » les sacs en un effort démesuré qui, le soir, les laisse pantelants, endormis sur leur breuvage...

De petites vieilles malpropres traînent inlassablement la savate le long des quais. Elles ont, dans un panier pendu à leur bras, un réchaud coiffé d'une cafetière, deux ou trois verres, une demi-douzaine de tasses. Pour deux sous, elles versent aux hommes un bol rempli de café et d'alcool. Entre les heures de « boisson » elles se groupent et se font de mutuelles commandes, pour faire marcher le commerce. Et le soir venu, elles boivent réciproquement leurs fonds en échangeant leurs recettes. La brigade des quais, les redoutables « collets rouges », donne la chasse à ces vivandières qui font une concurrence déloyale aux intéressants petits commerçants, les cabaretiers établis.

La soirée

Les dockers qui vivent en famille rentrent pour dîner au logis : rues Martainville, des Augustins, Eau-de-Robec, au Ruissel, vieilles et pittoresques voies du moyen âge, où les pignons, depuis plus de quatre siècles, se font étroitement vis-à-vis, où les maisons montrent les poutres de leurs façades, où les premiers étages s'appuient sur des piliers comme sur des béquilles, où des corridors, longs, obscurs et étroits, débouchent sur des cours régulières parées de gargouilles et de vieux puits, où se cachent sous la patine des temps des blasons et des fragments de sculptures.

Le ménage de docker qui loge « dans ses meubles » est un ménage exceptionnel : comment ces ouvriers qui n'ont rien posséderaient-ils un mobilier ? La famille habite « en garni » une seule chambre exiguë qu'on lui loue de 2 fr. 50 à 4 fr. 50 par semaine. Le repas du soir se compose :

Pommes de terre frites (achetées chez le friturier): 20 centimes; ou fèves, haricots, artichauts ;

Attignoles, poisson ou charcuterie : 10 centimes ;

Boisson et « petits sous » : la quantité en est déterminée par les ressources du ménage. D'ailleurs, les débitants n'hésitent pas à faire crédit aux bons clients : ils savent que le premier soin du docker, à sa prochaine paye, sera de les désintéresser pour s'assurer un crédit futur.

Les célibataires prennent ce repas au cabaret. Puis ils jouent et boivent jusqu'au « dernier sou ». Il est d'hospitaliers débitants qui hébergent les consommateurs saouls et décavés : on les fait passer en une arrière-boutique garnie de bancs et de tables, et les hommes, assis, dorment, accoudés. Au jour, on les réveille pour les chasser vers les quais, vers les nouveaux travaux qui procureront d'autres salaires pour le tiroir-caisse du cabaretier.

La plupart, le moment de la fermeture venu — une heure du matin — poussent dans la rue la pauvre chair à travail et à boisson. Les hommes gagnent alors les *chambrées :* de longues salles empuanties où des paillasses riches en vermine sont jetées sur le sol. Pas de lumière; les hôtes rentrent à tâtons, se piétinent les uns les autres, tombent et s'endorment là où ils sont tombés.

D'autres, enfin, gîtent sur les quais, entre les monumentales piles de bois — réveillés quelquefois par le coup de bâton du gardien de nuit, — dans les wagons de paille où il fait si tiède, en l'air raréfié ! Et certains, que les trop abondants « petits sous » ont rendu maladroits, allument leur « sou de pipe », mettent le feu à la litière et le wagon flambe avec sa cargaison d'hommes.

. . . .

Il est, dans le quartier du Russel, des auberges qui admettent pêle-mêle les hommes et les femmes : on appelle ces assommoirs mixtes les *salles de mariage,* à cause des unions rapides et éphémères qui s'y concluent. De pauvres filles rôdent par les ruelles et s'offrent aux dockers pour un « petit sou » : les Rouennais les connaissent bien, ce sont les *poules à picot.* Il en est de vieilles, mais beaucoup sont jeunes, affreusement.

Les femmes « au charbon »

Certaine partie du quai s'appelle le *Village nègre :* quiconque y pénètre en sort noir comme la suie. Les négociants ont installé là leurs chantiers de réception et de manutention du charbon. Un brouillard de poussière obscurcit l'air constamment; quand il pleut, la couche de 15 centimètres de charbon pulvérisé qui couvre le sol se transforme en un cloaque infect où pataugent les travailleurs. Ils sont là près de 1.200 et ils font la fortune des cabaretiers qui ont pu dresser leurs boutiques en ce sombre lieu. La place est mesurée, les cabarets ne sont pas nombreux : ils ne désemplissent guère, car, une équipe partie, une autre la remplace. C'est au Village nègre que les charcutiers livrent leurs marchandises trop « avancées » pour leur clientèle fixe, mais qui trouvent ici des consommateurs obligés : il n'est pas d'autres « restaurants » à proximité. Il faut manger ces choses, ou jeûner.

Il arrive tous les jours que cette « nourriture » sert de projectile : elle reste collée aux murs crasseux.

De telles boutiques, dont le matériel comprend des tables et des bancs, des fûts au fond et un comptoir, comptent parmi les plus recherchées de Rouen : un fonds se paie couramment 35.000 et 40.000 francs. C'est une petite mine d'or ; de somptueuses villas de la banlieue rouennaise appartiennent à d'anciens cabaretiers, retirés des affaires après avoir acquis des rentes.

Des femmes travaillent en grand nombre au « Village nègre ». Elles sont employées à la manutention des charbons : concassage mécanique, tri par la trémie, ensachage. Elles protègent leurs cheveux contre le poussier par un mouchoir noué, mais elles ne sauraient en protéger leur visage, et c'est comme une tribu du Centre-Africain qui fourmille autour des collines de houille. Elles sont peu coquettes ; l'insuffisant établissement de douches, établi sur le quai, ne reçoit pas la visite quotidienne de toutes les charbonnières et certaines reprennent la besogne le lendemain sans avoir dépouillé leur enduit de charbon.

Elles travaillent de sept heures du matin à 6 ou 7 heures du soir. Elles gagnent 2 fr. 50 à la journée et les très habiles peuvent, aux pièces, recevoir jusqu'à 4 francs.

Elles ne perçoivent pas les acomptes horaires et touchent leur salaire chaque soir. Elles se nourrissent dans les cabarets des hommes et demandent à « la boisson » le stimulant habituel. Elles dédaignent généralement l'absinthe, mais elles apprécient le « petit sou ». Beaucoup ne boivent que sous l'influence du milieu, par une sorte de dépit qu'engendre l'intempérance des hommes.

— « Puisque mon cochon d'homme se jette toute sa paie dans le bec, pourquoi que je ne boirais pas aussi ? » nous a dit une charbonnière dont le langage traduit l'état d'esprit mieux que ne le ferait les plus pénétrantes analyses. Pourquoi la femme ne boirait-elle pas ? Si elle conservait son salaire, l'homme le lui prendrait pour le fondre en « petits sous ». Autant vaut qu'elle « en profite ».

Un des plus désolants spectacles parmi tous ceux qu'offre cette misère est celui des femmes qui vont chercher leur mari à la paye. Elles traînent, pour la plupart, trois ou quatre enfants, pendus à leurs jupes ou portés sur les bras. Anxieuses, elles essaient de deviner si l'homme est de bonne humeur ce soir-là et elles dépêchent les bambins à sa rencontre pour qu'embrassant papa ils le rendent plus doux.

Attendri, l'ouvrier frotte ses joues noires sur le visage des gosses et la femme s'efforce de l'entraîner. Mais il se défend : on peut bien prendre l'apéritif avant de rentrer, tout de même ? Si elle refuse de l'accompagner, il ira seul au cabaret; qui sait quand il rentrera ? Elle se résigne; toute la famille entre au débit. Bienheureuse celle qui en est quitte avec une consommation et n'est pas contrainte de suivre son mari en un second cabaret ! C'est ainsi qu'aux femmes qui ne pensent pas à boire on donne le goût de la boisson : d'apéritif en apéritif, combien en arrivent à imiter leurs compagnons ! Aux enfants, le papa donne un *canard,* un morceau de sucre bien imbibé d'alcool. Chez ces fils d'alcooliques on réveille, à ce jeu, l'instinct héréditaire: on en voit qui repoussent le bol de lait et tendent la main vers l'eau-de-vie. A sept ou huit ans, les enfants boivent du café *à la goutte;* à quinze ans, beaucoup s'enivrent.

Que font-ils, ces enfants, quand le père et la mère se tiennent tête au cabaret? De bonne heure ils vagabondent sur les quais, ils font les commissions des ouvriers, ils travaillent au charbon. Des fillettes de quatorze ans se mettent en ménage.

Santé, dignité, famille, foyer, le « petit sou » emporte tout...

Joies du dimanche

Le dimanche, on attend, dès 5 heures du matin, à la porte du cabaretier, qu'il ouvre enfin sa boutique : on fait queue, comme au théâtre. Puis, mis en joie par le premier alcool, l'homme va faire un tour au marché — la grande distraction des matinées dominicales pour les ouvriers rouennais. Volontiers, il achète quelques fleurs, qu'il sème dans les débits; il ne rapporte pas une tige dans son garni.

L'après-midi, on monte au *Champ des Oiseaux*. C'est, à la porte de la ville, un faubourg de guinguettes pareilles à celles qui réjouissaient le bon M. Paul de Kock et ses personnages falots : Romainville et Les Lilas de 1830 ressuscités, sans grisettes, en Normandie. Sous les arbres, s'allongent les tables rustiques ; à chaque pas grésille l'huile des marchands de frites, rougissent les charbons des marchands de gaufres; on se presse devant les échoppes des vendeuses de crabes, de bigorneaux, d'attignoles, de charcuterie à bas prix. Des estrades dans les angles : un amateur monte sur les planches et « pousse » la gaudriole sentimentale, la complainte humanitaire, le coup de gueule patriotique. Il descend et fait la quête, chapeau tendu. Et les « pots de cidre » circulent aux mains des servantes affairées :

— Un litre de pot de cidre !

— Deux et six de quarante !

En un dimanche, quand le travail a « donné » sur le port, on vide au Champ des Oiseaux des tonneaux d'eau-de-vie.

Quelle est la composition de ce breuvage que l'on vend au détail 2 francs le litre, alors qu'il est grevé de 1 fr. 40 de droits *par litre ?* Il est fait *d'alcool d'industrie* (maïs, betterave, bois), auquel on ajoute un « arôme » chimique qui lui départit la saveur et un quantité d'eau suffisante pour faire baisser à 40° la teneur alcoolique. Mais « l'eau-de-vie » ainsi obtenue n'est pas assez âpre au gosier de certains buveurs; on la « corse » en y ajoutant du poivre, de *l'acide citrique* et quelquefois même de *l'acide nitrique.*

Le « rhum », le « marc » ne sont pas fabriqués autrement : l' « arôme » seul varie.

Quant au vin, il vient d'Algérie : on l'a tellement chargé d'alcool pour lui permettre de supporter la traversée et le long voyage, qu'un seul verre suffit à incommoder, à enivrer même le buveur novice; il est des dockers qui en absorbent huit à dix verres de suite, en travaillant au débarquement des fûts. Et ils renouvellent la dose au cours de la journée.

Le vin blanc, quand il était à bon marché, faisait plus de victimes que l'eau-de-vie. Certains débitants en vendaient trois feuillettes par jour, soit plus de 300 litres. La hausse des prix a fait baisser la consommation.

Il est difficile d'établir pour les dockers de Rouen une statistique de mortalité : la population ouvrière se modifie et se renouvelle si fréquemment. Pourtant, on peut constater que la cirrhose du foie et la tuberculose pulmonaire, compléments directs de l'alcoolisme, déciment ces ouvriers surmenés et insuffisamment alimentés.

Que faire ?

Comment lutter contre l'alcoolisme dans cette corporation ? Hélas ! c'est ici qu'apparaît, plus que partout ailleurs, l'inefficacité des formules, fussent-elles saisissantes, l'impuissance des idées contre les passions, l'inutilité des chiffres, des statistiques, des considérations générales. Dites à l'homme en train d'absorber son quatrième « petit sou » qu'il y a soixante fois plus d'aliénés en Seine-Inférieure aujourd'hui qu'en 1850 et que ces fous sont les victimes de l'alcool, il n'interrompra pas sa rasade. Nulle part mieux qu'à Rouen, on ne comprend la page terrible du Dr Legrain sur « la mesquinerie du problème anti-alcoolique considéré à des points de vue exclusivement chimique et physiologique ».

Seule une action syndicale énergique, violente, brutale peut être efficace. Seuls, les dockers sobres et intelligents que l'on rencontre nombreux dans les syndicats peuvent exercer une influence sur leurs malheureux camarades. S'ils s'appliquent à obtenir des conditions de travail plus humaines, à réduire le surmenage qui pousse à l'alcoolisation, à réglementer les acomptes et la paye; s'ils n'hésitent pas à reprocher l'intempérance de leurs compagnons de travail comme une tare infamante; s'ils chassent honteusement les ivrognes des réunions corporatives, s'ils leur interdisent toute fonction syndicale, s'ils mettent à l'index les cabarets où l'on s'enivre, s'ils cassent les *jambinets* qu'on introduit dans les cales, si par l'exemple, par la parole menaçante et par l'action directe, ils pourchassent l'alcoolisme et s'ils le *déshonorent,* ils auront bien mérité de leurs frères.

Mais il est inutile de faire ici des conférences...

AU PAYS DE L'ABSINTHE

La petite ville, à 838 mètres d'altitude, est dominée par un contrefort du Jura, qui l'entoure d'une ceinture de forêts où les massifs de sapins laissent passer des sources. La rivière qui chemine, le Doubs, se fait là timide et modeste. En été le soleil est ardent, mais l'hiver de Pontarlier est un des plus pénibles de France. La tempête hurle dans les cimes, les sources grondent comme des torrents, la glace pend aux aiguilles des pins, la neige attaque la ville. Elle ensevelit les routes et, tassée le long des rues, elle s'élève en remparts hauts de deux mètres.

Pour le voyageur, Pontarlier est la cité perdue dans les montagnes, la calme sous-préfecture dont la voie principale le mène tout de suite, sans qu'il s'en aperçoive, en pleins champs. L'horizon est borné par la ligne bleue des collines et le rideau sombre des bois. 8.700 habitants. Des sommets, des ruisseaux, du feuillage; un lac, une grotte, des ravins tout proches, un air vif et puis le grand silence : c'est semble-t-il le bourg plus que la ville, la ville plus paysanne que bourgeoise, la paix des campagnes, la vie simple, saine avec des gens au sang riche, aux poumons solides, aux nerfs tranquilles. Erreur des apparences. Pontarlier est agité, Pontarlier a la fièvre.

Les nuits

Le soir, dans la ville basse, des cabarets s'illuminent, des rumeurs sortent des bouges, on boit, on chante, on fait la noce. A trois heures du matin seulement, les débits mal famés ferment leurs portes. Il n'y a pas de règlements qui tiennent; les ordonnances de police, les arrêtés préfectoraux ne sont pas observés, et les autorités laissent sommeiller les lois. C'est que Pontarlier est la ville de l'absinthe et que l'absinthe est la reine des cabarets.

Tout le monde boit de l'absinthe, à Pontarlier; ceux qui la fabriquent, ceux qui la vendent, ceux qui n'ont pas le droit de la consommer dans leur pays.

Pontarlier est la ville frontière, à quelques kilomètres des Verrières-Suisse. Les cantons de Suisse qui offrent une réelle protection à leurs habitants ont interdit la vente de l'absinthe. Mais les amateurs de l'élixir ont la ressource de le déguster à Pontarlier.

On les voit, chaque samedi, venir de l'Helvétie, s'attabler dans les cafés pontissaliens et demander la *verte, pure, gommée, au sucre.* On connaît aussi certains débauchés qui, citoyens des territoires intolérants privés de maisons hospitalières, viennent demander à la ville française voisine les joies de l'amour tarifé que leur refuse leur pays.

Voilà pourquoi les nuits de Pontarlier sont chaudes, pourquoi certains tenanciers ramassent dans les cloaques bisontins des filles qui deviennent bonnes d'estaminets, pourquoi dans la ville montagnarde, des enfants de seize ans se suicident aux genoux de servantes fardées.

Le régal

L'absinthe se vend par demie. Une demie vaut quatre sous. Ce n'est pas cher, aussi les Pontissaliens absorbent-ils chaque jour cinq ou six demies. Des lurons vont jusqu'à dix, douze, quinze qu'ils n'absorbent même plus comme apéritifs, qu'ils prennent à toute heure de la journée. Quand, vers huit heures du soir, ils ont consommé huit absinthes ils ne se dérangent pas pour aller souper ! Plus on boit, moins on mange ; ils continuent à humer la boisson.

Elle est la renommée de la ville. Chaque année les artilleurs viennent faire leurs tirs au champ d'exercices. Ils profitent de leur séjour pour avaler l'absinthe du cru. Ils en font une consommation effroyable, altérés par des manœuvres en pleine chaleur, certains sont ivres tous les soirs; l'autorité militaire ne peut empêcher cette beuverie ; les civils invitent les soldats, qui disent : « Profitons de notre passage ici ! » Les canonniers qui ignoraient l'usage du poison deviennent des buveurs endurcis, et l'on parle longtemps à la chambrée des joies offertes par la ville! De 1885 à 1906, 209.000 hommes de troupes ont fait à Pontarlier leurs écoles à feux...

Beaucoup de femmes qui travaillent aux distilleries sont absinthiques. Dans les petites fabriques de liqueurs on donne au personnel l'absinthe à discrétion. C'est un salaire en nature. Ainsi les mitrons ont-ils droit à une miche de pain. Dans les grands établissements la direction ne permet pas de lamper la chère boisson. Alors certains ouvriers et certaines ouvrières se passent de l'autorisation patronale. Le poison a bon goût et son odeur incite à la consommation. Quand il sort en filets blancs ou verts, que son parfum imbibe l'atmosphère, il est bien difficile de résister à l'envie. Quelques établissements industriels fournissent aux travailleurs, comme boisson d'été, l'absinthe coupée d'eau dans un arrosoir. On donne à l'absinthe des emplois et des propriétés inattendus. On vous fait manger à Pontarlier des omelettes à l'absinthe. On prétend qu'elle guérit les rages de dents! Et cette femme qui dans le biberon mêle au lait une goutte d'absinthe et qui pleure d'attendrissement en embrassant son poupon! Notre Joseph boit de l'absinthe!

On l'aime pure. Vous entendez, au café, des hommes vous dire sérieusement : *Ce qui fait « du mal », dans la demie, ce n'est pas le Pernod, c'est l'eau qu'on met dedans!*

Cette femme de ménage absorbe la liqueur *nature* en murmurant : « Plus souvent que je mettrais de l'eau pour me noyer le cœur! »

Ce serait un crime que de laisser fuir, sans le goûter, le fluide vert aux quatre coins du monde. Pontarlier boit l'absinthe de la fraude, celle qui ne paie pas de droits. On sait que les distillateurs entrent, dans les usines, l'alcool en franchise. Il n'est frappé d'impôt qu'à la sortie. Pour le calcul des taxes, l'Etat prévoit une perte de 10 p. 100 sur cet alcool (7 p. 100 d'évaporation, 3 p. 100 de distillation) quantité exempte de droits. Comme la perte n'est en réalité que de 2 p. 100, le « boni », les 8 p. 100 qui restent, peut échapper au fisc. Il est acheté par les débitants de la région qui réalisent ainsi un bénéfice considérable, au détriment non seulement de la santé mais des finances publiques.

Du champ au réservoir

Pontarlier sent l'absinthe. La ville en est imprégnée, des bouffées s'échappent des usines, des étables, de la terre. Dans les champs, la plante précieuse brille d'un éclat d'argent. Tous les environs, ceux de Besançon, cultivent les herbages d'absinthe, la *grande* et la *petite*, l'hysope et la mélisse. La plante se plaît dans le sol jurassique, le rude climat de la montagne est favorable à son développement. Mais elle demande des soins constants. Au printemps, on sème la grande absinthe, une tige naît qu'on déracine et qu'on transplante. Deux fois par an, on bine le sol. Au mois de juillet elle fleurit. On récolte l'herbage, on le fait sécher dans les greniers sur des liteaux disposés en échelle. (La mélisse se sème et se repique, l'hysope se multiplie par semis et la petite absinthe par boutures.) Quand le produit est bien sec, on l'emballe. L'employé de la distillerie visite le grenier, examine les marchandises. Le fabricant a passé un contrat avec le cultivateur, il a acheté la cueillette de 3, 6 ou 9 ans pour en prendre livraison au fur et à mesure des besoins de l'usine. Les prix varient suivant les années : la grande absinthe vaut de 15 à 50, la petite de 100 à 200, l'hysope de 50 à 80, la mélisse de 60 à 80 francs les cent kilos. La culture d'un hectare demande le travail de quatre journaliers payés 30 à 35 centimes l'heure et rapporte environ 1.200 francs, disent les propriétaires.

La transformation des herbages en liqueur d'absinthe donne à Pontarlier une gloire dont il est fier. Il a 26 ou 27 distilleries. La plupart n'emploient qu'une main-d'œuvre restreinte. Mais l'une d'elles qui, chaque jour, produit 46.000 litres est une usine formidable.

Elle n'a pas l'aspect de ces lugubres fabriques qui crachent par vingt cheminées de lourdes fumées et ressemblent à des maisons de force. Elle est accueillante, elle reçoit aimablement les soldats et les voyageurs qui ne manquent pas de visiter la grande marmite où bouillonne l'élixir d'émeraude. Elle est bien aimée de ses ouvriers.

Sa fabrication est simple. Elle mélange avec art les plantes qu'elle va chercher dans les greniers des paysans, la grande absinthe, la mélisse et le fenouil qu'elle reçoit du Gard et l'anis qu'elle reçoit du Tarn ou de l'Andalousie. Elle les fait macérer dans l'alcool, elle les distille au bain-marie. Le résultat est l'absinthe blanche qu'elle envoie dans des récipients contenant les colorants : la petite absinthe et l'hysope.

Mais cette simplicité est rendue grandiose par les détails d'une production gigantesque. Tous les continents réclament la liqueur odorante (l'Indo-Chine, le Soudan l'apprécient ; mais la France est le plus fort client de l'usine). Aussi, pour exécuter les commandes, faut-il toutes les ressources de l'industrie.

Dans un espace de mille mètres carrés, les appareils brillent. Ils sont énormes, la liqueur chauffe doucement dans leur ventre de cuivre. L'imagination aidant, la distillation apparaît comme une chose infernale : on arrache aux plantes leur suc, on l'infuse à l'alcool, pour que l'alcool parfumé, l'ennemi plein de séduction, puisse attaquer les poumons, le cerveau, le cœur des hommes.

Il y a deux merveilles : la cave, une rue de

réservoirs où 4 millions de litres sont accumulés, et puis les ateliers de mise en bouteilles. La fée verte a engagé à son service la fée électricité. Elle rince les flacons, elle les remplit au moyen d'une soutireuse. Une machine les bouche, une autre les étiquette. Les femmes qui sont auprès des dispositifs n'ont plus besoin de penser, elles n'ont qu'à faire des gestes toujours pareils pendant dix heures pour que 44.000 bouteilles soient remplies. Quand l'automate laisse quelques ouvrages aux êtres humains, ces ouvrages sont divisés à un point tel que l'effort n'est pas moins machinal. Des ouvrières garnissent le goulot des bouteilles avec une feuille d'étain, d'autres les revêtent d'un cachet. Tout de suite les machines reprennent leur empire, elles découpent, elles clouent les caisses, sans bruit, deux cents à l'heure, secondées par un homme qui leur présente les deux faces à fermer. Elles marquent, comptent et trient, un peu plus loin, 5.000 bouchons à l'heure. Elles scient les baguettes dorées qui servent à faire les tableaux-réclames.

Le chemin de fer envoie ses fourgons devant le quai de l'usine. Pour aller plus vite, pour que les consommateurs aient plus tôt leur friandise, on n'expédie pas en caisses les bouteilles destinées au dépôt de Paris et aux grands dépôts de province, mais en vrac, par wagons complets. Un ouvrier, nous montrant le convoi, nous dit : « Il y a 7.000 bouteilles dans un wagon et parfois nous « faisons » dix wagons dans un jour ! »

(A ce moment là, il est vrai, on faisait des heures supplémentaires, les femmes travaillaient pendant une heure et demie de plus que le temps normal.)

Elles sont 170 dans la Grande Usine, qui emploie en tout 275 personnes. La notice de la direction écrit : « Les ouvriers se considèrent comme privilégiés d'appartenir à la Maison : aussi le recrutement est-il des plus faciles, elle n'a que l'embarras du choix parmi les candidats. » Rien n'est plus vrai. Les femmes gagnent 2 fr. 50, les hommes 4 francs à 4 fr. 25 par jour et participent aux bénéfices.

Cette participation leur procure un supplément de gain qui, pour les hommes ayant au moins cinq années de services, varie entre 40 et 100 francs par an.

Le personnel de la Maison n'a pas omis de se syndiquer : il est groupé avec les patrons-distillateurs de la ville, dans le *Syndicat de défense de l'absinthe,* pour lequel chaque membre verse une cotisation mensuelle de cinquante centimes. Heureuse collaboration !

Contrairement à l'opinion de M. le préfet de police Lépine, ce n'est pas « au comptoir du mastroquet que s'effectue la réconciliation nationale », c'est à la Grande Distillerie de Pontarlier, devant la pyramide de flacons édifiée chaque jour par 46.000 litres d'absinthe, au-dessus des foudres alignés qui réservent 4 millions de litres à la gourmandise des foules !

Les Satisfaits

Ce syndicat de Défense de l'Absinthe a été fondé vers 1907, lorsque la campagne des hygiénistes inquiétait sérieusement les distillateurs pontissaliens.

A cette époque la ville offrait une animation maladive. On parlait d'interdire la vente de l'absinthe en France! Mais alors Pontarlier ne comptait pas! Pontarlier, choyé, gâté par les distillateurs, était sacrifié ! Jadis, au mariage des rois, le vin coulait des fontaines en l'honneur de la reine. Un fabricant de Pontarlier faisait de même couler la verte liqueur en hommage aux populations. Le jour de la fête patronale, il remplissait d'absinthe gratuite le verre que lui présentait chaque amateur. Aussi voyait-on, à la Saint-Pierre, certaines gens tendre de vastes récipients, des pots de chambre neufs, pour recevoir le présent du généreux liquoriste !

Pontarlier donc n'aurait plus son élixir, plus ses demies à quatre sous ! Pétitions, meetings, protestations firent fureur. Le clou de l'agitation fut le feu d'artifice du comice agricole. Au bouquet, l'on vit au-dessus du mont Jura une femme, belle comme l'Amour, qui serrait dans ses bras une bouteille d'absinthe. Sur le ciel s'inscrivait ce vœu en lettres flamboyantes: *Vive l'absinthe!* Les acclamations d'une ville saluèrent cette apparition. Les clameurs les plus enthousiastes, les plus fougueux : « vive l'absinthe! » furent poussés par le corps élu du département, par le sénateur, par les députés, par le maire. Ils se dépensèrent héroïquement en bravos.

Toutefois, celui qui plaida avec le plus de chaleur la cause de l'absinthe fut encore Edmond Couleru, procureur de la République à Pontarlier. Son ouvrage, honoré des subventions du Conseil général du Doubs, des Conseils municipaux de Besançon et de Pontarlier, essaie de démontrer qu'à Pontarlier on n'est pas plus criminel qu'ailleurs, pas moins sain de corps et d'esprit (1). On afficha les conclusions statistiques de son livre à la Bibliothèque municipale. Ce sont elles qui frappent le visiteur dans la salle.

(1) *Au pays de l'absinthe :* Y est-on plus criminel qu'ailleurs, ou moins sain de corps et d'esprit ? Un peu de statistique, s. v. p. ! par Edmond COULERU, procureur de la République à Pontarlier, ancien élève de l'Ecole des Sciences politiques, membre de la Commission des Etudes économiques de la Révolution. Préface par Yves GUYOT. — Montbéliard, Société Anonyme d'Imprimerie Montbéliardaise; 2e mille; 1908.

Comme tous les amis des distillateurs et des cabaretiers, comme M. Georges Berry lui-même, comme M. Grizard, président des syndicats de débitants, M. le juge Edmond Couleru admet bien que l'alcoolisme doit être combattu. Il le déclare à plusieurs reprises. Mais il affirme que « l'usage — et non l'abus — des absinthes distillées, rectifiées et loyales, ne constitue pas un danger ». Des produits fabriqués à Pontarlier, le magistrat se constitue l'avocat chaleureux et il écrit au premier chapitre de son ouvrage :

« La question de l'absinthe est à l'ordre du jour. Elle préoccupe l'opinion, le monde médical, les pouvoirs publics et le Parlement. Les médecins qui changent de sys-

Cependant à l'asile de Saint-Illie, près Dôle, à l'hôpital Bellevaux, à Besançon, les déments absinthiques abondent qui ne sont pas tous originaires de Pontarlier, mais qui contractèrent leur mal dans la ville verte ou dans le département. Un affreux calembour, qui exprime une idée juste, circule dans la région :

Dans le doute, abstiens-toi !
Dans le Doubs, absinthe-toi !

La tuberculose frappe la population, mais le procureur de la République Couleru affirme que si la mortalité est élevée dans la ville, c'est parce que le pays est montagneux! Et que dans toutes

lème toutes les quelques années et qui ont largement contribué à la ruine du Midi en proscrivant le vin, ont donné le branle. De vertueux citoyens se sont émus. Une ligue nationale s'est fondée, car il faut toujours qu'en France *on se croise*, au nom de la patrie, contre quelqu'un ou quelque chose. L'agitation a gagné de proche en proche, soutenue par les convictions belliqueuses des uns et par le snobisme des autres. Des meetings sensationnels furent tenus, auxquels la presse voulut adjoindre la *Marseillaise* et des fanfares militaires, et dont les organisateurs durent limiter à cinq minutes la durée de chaque harangue, pour permettre à tous les coryphées de se faire entendre et pour endiguer leurs ardeurs combatives. Et de toute cette multitude s'éleva une immense clameur, qu'on put croire universelle, grâce à l'ampleur de la mise en scène : « Il faut prohiber l'absinthe ! Guerre à l'absinthe, qui rend fou et criminel ! » M. Prudhomme se leva à son tour et déclara solennellement : « Il faut tuer la tueuse d'hommes, l'hydre verte, mère des apaches ! » Et il brandit son grand sabre en se tournant vers les monts du Jura.

Au fond, s'il ne s'agissait que de combattre un vice antiles zones élevées, les habitants meurent jeunes ! Jusqu'à présent les gens simples croyaient que l'air pur des sommets faisait une race vigoureuse. Les gens simples se trompaient. Edmond Couleru, juge au Tribunal, le déclare avec un grand sérieux. A ces billevesées, la science oppose la réponse de l'expérience. Le docteur Eugène Ledoux, médecin de l'hôpital Saint-Jacques, à Besançon, fait connaître d'une façon saisissante les désastres causés par l'absinthe dans la région: « De toutes les villes du Doubs, écrit-il, c'est à Pontarlier qu'on meurt le plus. On meurt plus à Pontarlier que dans les villes de France de même importance, comme le prouvent les statistiques officielles du ministère de l'Intérieur. » Voici le résumé de ses conclusions : « Dans le Doubs et le Jura, la proportion des exemptés et ajournés aux conseils de revision, pour tuberculose pulmonaire et faiblesse de constitution, a dépassé sensiblement la moyenne de la France. On compte à Pontarlier de nombreux cas d'exemption mili-

---

social, l'alcoolisme, tout le monde serait d'accord. Pas une seule voix ne s'élèverait pour ne pas déplorer les effets désastreux qu'engendre l'ivrognerie. Mais alors, pourquoi limiter cette campagne à une région, cette interdiction à la seule absinthe, alors que du Nord au Midi et de l'Est à l'Ouest tant d'autres produits vraiment nocifs, apéritifs ou liqueurs, se fabriquent et se consomment et que l'alcoolisme le plus dégradant, dû aux eaux-de-vie de grains, de betteraves ou de pommes de terre, marque d'une tache noire, sur les cartes spéciales, les départements du Nord, du Calvados, de la Seine-Inférieure, du Finistère et du Var, pour ne citer que les plus contaminés ?

taire pour cause d'épilepsie. Le canton occupe une place de marque dans la proportionnalité des fous alcooliques. »

Un médecin de Pontarlier, le docteur Berthelot, « exprime ses inquiétudes au sujet de la diminution de la santé publique dans la ville ». La tuberculose et les maladies de déchéance, dit-il, augmentent à Pontarlier, et, depuis quelques années, fréquents sont les cas de mort subite par intoxication absinthique aiguë (1).

La source en Suisse, le fleuve en France

Les femmes et les enfants martyrisés par les alcooliques pontissaliens demandent quand le Parlement décidera la prohibition de l'absinthe. C'est en Suisse qu'elle est née, c'est la Suisse qui l'a donnée à la France, et, pleine de sagesse, la Suisse est en train de s'en débarrasser.

Vers la fin du XVIIIe siècle, une vieille dame de Couvet (canton de Neuchatel), la mère Henriod, fabriquait des remèdes de bonne femme et préparait une certaine liqueur que prisaient fort les

(1) *L'Absinthe et l'Absinthisme*, par le docteur Eug. LEDOUX, professeur suppléant, médecin de l'hôpital Saint-Jacques. Rapport lu à l'Assemblée générale des Médecins Franc-Comtois, Besançon 1908.

A noter que le département du Jura est intoxiqué comme celui du Doubs.

gens de la commune. Le malheur voulut que la mère Henriod connût un exilé français, le docteur Pierre Ordinaire, qu'elle lui laissât la formule de l'absinthe, qu'il n'emportât pas cette formule dans la tombe, qu'il eût une gouvernante, qu'elle vendît la recette aux demoiselles Henriod, que ces demoiselles se missent à fabriquer et à vendre des pots d' « extrait » dans le pays. Alors vint Pernod, Henri-Louis Pernod, le grand Pernod, Pernod le père, alchimiste d'eau verte, qui rêva de faire profiter le monde de ce qui était les délices de Couvet ! Pernod installa sa distillerie dans la ville, mais comme en France ses produits étaient frappés de droits élevés, il passa la frontière pour transporter sa boutique à Pontarlier.

On sait quelles proportions elle a prises, symbole de la force que les distillateurs, les liquoristes, les marchands d'alcool possèdent en ce pays. L'absinthe a triomphé de ses adversaires. C'est en vain que MM. Vaillant, Ferdinand Buisson, à la Chambre; MM. Bérenger, de Lamarzelle, au Sénat, en demandèrent l'interdiction (1).

---

(1) A cette époque, les partisans de l'Absinthe firent valoir que son interdiction ruinerait Pontarlier et les communes environnantes, les cultivateurs et les ouvriers des distilleries, soit en tout 2.000 personnes. On pourrait répondre que si 2.000 personnes vivent de l'absinthe, un plus grand nombre en meurent! Laissons de côté cet argument. La plupart des cultivateurs demandent à cette plante, non des ressources principales, mais des recettes supplémentaires. Ils récoltent d'autres produits dont ils généraliseront la culture le jour où cela sera nécessaire. Quant au

En décembre 1908, une loi édicta qu'aucune absinthe ou boisson similaire ne pourrait être fabriquée, détenue ou mise en vente si la teneur alcoolique en était inférieure à 65°. C'était la victoire incontestée de Pontarlier (1), qui fabrique du 72° et qui, en 1906, a versé à l'Etat 15.195.400 francs, montant des droits sur 69.070 hectolitres d'alcool pur taxé à 220 francs l'hectolitre.

Non contente d'absinthiser les hommes, Pontarlier trouve le moyen d'alcooliser les animaux. Oui, Pontarlier nourrit son bétail avec les résidus des distilleries, avec les drèches provenant des plantes qui ont macéré dans l'alcool. Les éleveurs

---

personnel des distilleries, ce serait lui rendre un service immense que de le soustraire à l'absinthisme, misère quasi-professionnelle! Le salaire quotidien des hommes, 4 francs, des femmes, 2 fr. 50, n'est pas de ceux qu'on regrette.

Pontarlier, situé sur le Doubs, dans une région abondamment pourvue d'eau, est favorable aux entreprises industrielles. Plusieurs maîtres d'usines ont d'ailleurs demandé vainement à la municipalité l'autorisation d'établir des fabriques dans la petite ville. Au reste, les cantons suisses qui ont expulsé le diable vert de leur domaine n'ont pas vu se dresser devant leur autorité le peuple en courroux! Et puis l'on peut être rassuré. La France a l'habitude d'indemniser largement les industries qu'elle exproprie ou condamne dans l'intérêt public.

(1) Des industriels se plaignent que cette disposition ait pour effet de constituer, au profit d'un seul fabricant, un monopole de fait, et disent: « On tolère seulement les produits extrêmement alcooliques! » Les défenseurs de Pontarlier, qui ont eu gain de cause au Parlement, répondent: Les absinthes faibles en alcool sont infiniment nocives, parce qu'elles sont fabriquées à froid avec des essences chimiques. Et, de fait, c'est une répugnante mixture que

disent que les bœufs ivres engraissent rapidement. Mais bien des Pontissaliens affirment que la viande de ces bœufs-là conserve une légère odeur, et voilà qui est important. Ils prétendent aussi que les porcs, flairant les herbages d'absinthe, détournent leur groin, pourtant peu dégoûté, de cette nourriture qui ne leur dit rien qui vaille ! Dans la ville de Pontarlier les cochons ont du bon sens.

---

la composition servie, à Paris et dans les grandes villes, pour 3, 4 ou 5 sous. La loi de 1908 a réduit, mais non supprimé, la vente des absinthes synthétiques. Mais pourquoi a-t-elle fait des distinctions entre les différentes qualités de poisons et ne les a-t-elle pas tous condamnés, ceux de Pontarlier et ceux d'aiilleurs ? L'absinthe est dangereuse non seulement par l'alcool, mais aussi, mais surtout par les essences qu'elle contient qui appartiennent aux groupes *épileptisants* et *stupéfiants*, l'essence d'absinthe étant, parmi celles qui entrent dans la composition de la liqueur, la plus toxique, la seule capable, a dit Laborde, de produire l'attaque épileptique, vraie, systématisée.

LA FÊTE EST FINIE

L'Infirmerie spéciale du Dépôt
La maison de fous

« Mais qu'est-ce qu'il a donc mis dans mon verre ? Je vous dis qu'il a versé quelque chose dans mon cognac, ce sale bistro ! »

Voici déjà deux jours et deux nuits qu'il est agité, qu'il parle avec volubilité, qu'il n'achève pas ses phrases, qu'il fixe sur les siens des regards inquiets, qu'il a des colères soudaines, qu'il est poursuivi par des visions, que la sueur mouille ses tempes, qu'il s'entretient avec des visiteurs imaginaires !

Sa femme et ses enfants meurent d'inquiétude. Il n'a jamais été dans cet état-là. Il n'est pas ce qu'on peut appeler un ivrogne. Il boit trois litres de vin par jour, l'absinthe comme apéritif et puis la goutte dans son café. Il n'est jamais saoul.

Avec mille maux on parvient à le coucher. Mais il déchire les draps avec ses dents, il se relève, entaille les meubles avec un couteau. Un peu de calme lui revient pourtant; on le désarme tandis qu'il se lamente contre les ennemis qui l'assaillent sans répit.

Soudain, il bondit, prend sa femme à la gorge. Des voisins lui font lâcher prise, et les voici qui disent :

— Il n'est pas possible de le conserver ici, madame. Le médecin vous a prévenue qui a signé le certificat ! Il faut aller chercher les agents !

En cas de danger imminent

Il s'est laissé conduire sans trop de peine au poste du commissariat, acceptant la fable qu'on avait imaginée pour le faire sortir de son logis. Il est abattu maintenant... A une heure du matin, autour du poêle rouge, les agents jouent aux cartes, tournant le dos à un vagabond qui sommeille sur un banc.

— Allez chez le commissaire tout de suite, dit le brigadier à l'un de ses hommes.

Et à la femme, qui ne le comprend guère, il explique l'article 19 de la loi :

« En cas de danger imminent, attesté par un certificat de médecin ou par la notoriété publique, les commissaires de police, à Paris, les maires, dans les autres communes, ordonneront à l'égard des personnes atteintes d'aliénation mentale toutes les mesures provisoires nécessaires, à la charge d'en référer dans les 24 heures. »

— Je ne sais pas ce qui lui a pris, monsieur! Avant-hier il a commencé à voir autour de lui des chiens qui mangeaient son repas !

— Ma bonne dame, il n'y a pas d'erreur, s'il voit des bêtes, il est alcoolique !

— Mais, monsieur, jamais je ne l'ai vu saoul!

— Depuis seize ans que je suis ici, fait le brigadier, ce que j'en ai vu des « bonhommes » comme votre mari !

— Pique, pique, atout... le manillon, *il est bien de la maison...*, je coupe !

La partie est interrompue par l'ordre du chef, qui fait chercher un fiacre à la station.

— Vous n'avez pas à payer la course, madame; les frais ça nous regarde. Allez vous reposer maintenant et ne pleurez plus.

Elle s'éloigne, l'agent revient qui s'en fut chez le commissaire, l'agent qui s'en fut quérir une voiture revient aussi; tous deux montent avec le malade dans la voiture.

— Cocher, à l'infirmerie spéciale du Dépôt.

Gibier de cabanon

Environ 2,700 individus se succèdent chaque année à l'Infirmerie spéciale, dans le bâtiment annexé à la noire forteresse du Dépôt. Et dans ce nombre les alcooliques figurent pour un tiers. C'est le « quartier général de la folie », à Paris, simple halte sur le chemin qui mène les malheureux du cabaret au cabanon. On n'y séjourne pas. Ceux qui viennent échouer dans ce triste refuge sont examinés par un médecin et dirigés, suivant la gravité de leur état, dans un asile, un hôpital, un hospice (1). Ils sont vite expédiés, chassés par d'autres déchets, d'autres tarés, d'autres miséreux, qui prennent leur place dans les 18 cellules de l'établissement. Il y en a 11 pour les hommes et 7 pour les femmes; 3 cellules sont capitonnées pour éviter les suicides. Dans deux autres, il y a deux lits, dans une autre il y a un seul lit. Le médecin interroge, diagnostique, voit tous les genres de démence, depuis l'exhibitionnisme jusqu'à la persécution; tous les genres d'alcoolisation, depuis la saoulerie des bouges qui fait claquer les revolvers jusqu'à la douce libation des ménages qui met sur la table familiale la bouteille d'absinthe à chaque repas.

Les malades viennent des commissariats. Hommes et femmes, il y a parmi eux des criminels, des vagabonds, des prostituées, des simulateurs, des suicidés qui ont manqué leur coup.

— Autrefois, nous disait le docteur Dupré (2),

(1) Ceux qui souffrent d'une indisposition passagère peuvent être remis en liberté.

(2) Professeur agrégé à la Faculté, médecin des Hôpitaux et de l'Infirmerie spéciale de la préfecture de police, M. le docteur Ernest Dupré est un des maîtres éminents de la science psychiatrique.

je pouvais faire un classement des malades par profession, cela n'est plus utile aujourd'hui, on trouve des alcooliques dans toutes les classes, partout !

Dans une cellule, un adolescent dort à poings fermés. On le réveille et il répond avec grand calme aux questions qui lui sont posées. Il a dix-neuf ans, ce garçon charcutier. Il s'est présenté la veille, armé d'un grand coutelas, au poste de police : « Je viens de tuer six Prussiens dans ma chambre ! Venez avec moi, il en reste encore vingt à occire ! » hurlait-il. Maintenant, il n'a plus le moindre souvenir de ses propos incohérents. Il ne se rappelle plus que la veille, préoccupé par l'idée qu'il allait perdre son emploi, il avait fait une longue course dans Paris. Fatigué, altéré, il avait commandé un bock dans un débit. A sa table, de joyeux amis buvaient de l'eau-de-vie. Il s'absenta un instant pour aller faire de la monnaie à la caisse. Ce que voyant, les loustics imaginèrent une farce de cabaret. Ils versèrent une bonne dose de rhum dans son verre. Aussitôt revenu, le jeune homme vida son bock d'un trait. Le gosier brûlé, il comprit de quelle façon ses voisins s'étaient amusés, et il ne tarda pas à ressentir d'étranges malaises. Il entra dans une crise délirante, il vit des Prussiens envahir sa chambre, il courut au commissariat pour raconter l'histoire de la tuerie. Une nuit de repos suffit à chasser de son cerveau les images qui le tourmentaient. Comme il était habituellement très sobre, il ne lui restait de tout cela que fatigue et dépression morale. Le docteur Dupré signa le certificat suivant :

« Ivresse délirante passagère, à caractère hallucinatoire à cause de l'ingestion instantanée de quelques petits verres de rhum versés dans sa boisson par un tiers. Le sujet, actuellement calme et lucide, peut être rendu à son père, qui le réclame. »

Ce facteur des postes en tenue a 40 ans. Il portait son sac de lettres quand il se jeta dans la Seine au Pont-Royal. On le repêcha, il déclara qu'il avait piqué une tête dans l'eau pour échapper aux Bohémiens qui le poursuivaient. Buveur invétéré, il avait des crises après chaque saoulerie.

On l'internera pour quelque temps, comme cet autre alcoolique qui, sous l'effet d'une bouffée délirante de grandeur, se présenta à l'Elysée pour succéder à Napoléon sur le trône de France. Mais lorsque l'aliéné commet un délit, des difficultés surgissent. Il y a souvent conflit entre les médecins et les magistrats. Les premiers prescrivent des soins, les seconds des châtiments, ceux-là demandent l'asile, et ceux-ci la prison (1).

L'infirmerie spéciale du Dépôt envoie l'aliéné à l'asile clinique de Sainte-Anne. Courte étape. Le

---

(1) Les travaux statistiques de P. Garnier (cités par Dupré) établissent que dans la période 1886-1890, 255 aliénés méconnus ont été condamnés pour des actes relevant d'un état manifeste de folie.

service de l'asile, reconnaissant une psychose alcoolique, ordonne l'internement du malade à Ville-Evrard.

Le vestibule

Dans les jardins fleuris, aux allées régulières, aux ombrages touffus, dans les parcs rafraîchis par les vastes pièces d'eau, s'élèvent des pavillons propres, coquets, riants. De loin on dirait quelque pensionnat en plein champ : c'est la maison des fous, c'est Ville-Evrard.

Dans une antichambre six hommes dont deux gardiens devisent avec animation. Les quatre vont comparaître pour la première fois devant le médecin-chef, M. le docteur Legrain, qui s'entretient avec chaque pensionnaire dès son arrivée à l'asile. Ils attendent l'audience, tranquilles parce que depuis trois jours ils n'ont pas bu d'alcool.

Un malade dit : Pourquoi qu'ils m'ont retiré de la flotte! J'étais bien là; celui qui m'a ramené, pardi, il a voulu gagner ses vingt-cinq francs! (1).

... Et ce phonographe qui ne veut pas cesser... il a joué toute la nuit.

... Bien sûr il y a du *fou,* dans ce que je dis, mais il y a aussi du vrai !

— On vous guérira, déclare un gardien. Vous voyez cette espèce de tonneau qui est dans la

(1) Sans doute la prime accordée au sauveteur qui retira l'homme de la Seine.

cour ? il est plein de *Pernod*. Ici, on soigne les malades à l'absinthe, on a des *vertes* tant qu'on veut !

C'est une des plaisanteries classiques du personnel, les malades étant tous au régime de l'eau, du tilleul infusé et du coco.

La porte s'ouvre qui fait communiquer le cabinet du médecin-chef avec l'antichambre. Du dedans, un infirmier réclame : « Un peu de silence, messieurs. »

M. le Docteur Legrain, le champion de l'anti-alcoolisme en France, est assis à la table qui le sépare de deux hommes aux yeux inquiets, au front coupé de rides sinueuses. A côté de lui, se tient l'assistant qui lit le rapport établi sur chaque malade, sorte de confession que le sujet a pour ainsi dire dictée et qui résume sa vie, ses habitudes, son hérédité. A la fin du récit, le lecteur baisse le ton pour que l'interné n'entende pas les observations médicales, le nom scientifique des troubles que le diagnostic a révélés.

Le docteur Legrain cause paternellement avec le nouvel arrivé. C'est un cabaretier. Il y a beaucoup de cabaretiers à la section des alcooliques de Ville-Evrard, aucune profession ne fournit un plus grand nombre de fous (1).

---

(1) M. Th. Gaubert, infirmier à l'Asile de Ville-Evrard, a recherché les professions de 200 malades internés dans la section des alcooliques, à la date du 29 juillet 1910. Il a remarqué le nombre élevé des comptables et des employés en traitement. Gens de bonne tenue, ils sont étonnés d'ap-

Châtiment

— Alors, mon pauvre Emile (le médecin-chef appelle ses pensionnaires par leur prénom), cela vous arrive souvent d'être ivre ? — Dame, je ne pourrais pas compter toutes mes cuites. — On se saoule donc beaucoup dans votre café ? — Comme partout, bien sûr ! — Aussi, vous voilà malade ! *c'est le châtiment, mon ami.* Vous avez trop empoisonné de vos contemporains. — Ce n'est pas moi, M'sieu... Moi j'achète du bon, si on me livrait du *bon,* ça irait. — Farceur, vous croyez donc qu'il peut y avoir du *bon* dans la marchandise que vous débitez ? Voyez-vous, Emile, il faut vendre votre fonds, sinon vous ne vous guérirez jamais. — Je le vendrai, M'sieu, quand j'aurai trouvé un acquéreur. — Il faut le vendre immédiatement. — Il faut que j'en retire un prix. — Le prix que vous en retirerez, Emile, c'est votre santé, c'est votre raison !

On passe à un Breton mystique. Grand, large, il semble taillé dans le granit de l'Armor, ce compagnon que l'alcool a complètement détraqué !

— Votre femme est au pays avec vos quatre enfants ! où travaille-t-elle ? — Dans une ferme. — Est-ce que vous lui envoyez de l'argent pour

---

prendre que les apéritifs et les cafés surchargés d'alcool, arrosant leurs sempiternelles manilles, les ont conduits au service du docteur Legrain.

élever vos petiots ? — Pas souvent, M'sieu. — Vous préférez donner votre paye au bistro ? — Ben oui, quand *il* ne me la prend pas. — Qui il ? — Le diable : je suis son bâtard, il me fait suivre par des gens. — Le diable, Jean-Marie, il est en vous ! C'est tous les marcs, toutes les absinthes que vous avez bus... Dites-moi, depuis que vous êtes dans cette maison, vous laissent-ils tranquille, les individus qui d'ordinaire vous harcèlent ? — Je n'ai pas à me plaindre, m'sieu, depuis deux jours .— Vous voyez bien, Jean-Marie, ici vous ne buvez que de l'eau, et vous voilà délivré de vos ennemis !

Il y a des hommes de trente-deux ans qui ont déjà été internés trois fois. Il y a des gamins de seize ans, fils d'alcooliques qui ont reçu cet héritage avec de nombreuses tares : la passion des liqueurs fortes. C'est ainsi qu'un enfant de neuf ans tenait de son père l'appétit de l'absinthe. A sept ans, le marmot dérobait dans le placard une bouteille de liqueur et chaque jour avalait une petite dose de l'élixir cher aux Pontissaliens. Des troubles épileptiques se déclarèrent chez l'enfant. L'odeur d'absinthe dégagée par ses selles révéla sa juvénile intempérance et le petit malheureux dut être interné.

Quatre cents malades sont à Ville-Evrard. « C'est au lendemain des fêtes, nous déclare le docteur Legrain, qu'on prononce le plus d'admissions ! »

A boire !

Beaucoup d'aliénés demandent à être occupés durant leur séjour à la maison : ils sont cuisiniers, tailleurs, jardiniers, domestiques même chez certains particuliers. Sevrés de liqueurs alcooliques, comme ils souffrent moralement de cette abstinence ! Ils essaient de se procurer en cachette du vin et de l'eau-de-vie.

S'il ne leur est pas possible de tourner l'implacable règlement, les pensionnaires qui travaillent au dehors trouvent bien moyen de vider bouteilles. Pour les autres, la visite des parents sait adoucir les rigueurs de la tempérance. Voici le dimanche. La femme et les petits sont venus de Paris pour voir papa. Quand les gens n'ont pas le sou, ils font à pied les seize kilomètres qui séparent la capitale de l'asile.

Lamentable famille ! L'homme qui battait sa femme au logis, lorsqu'il rentrait ivre, accable d'injures la malheureuse qui n'a pas oublié le mauvais époux. Il s'apitoie sur ses enfants, il lui vient des larmes. En général l'alcoolique s'imagine aimer ses enfants, mais il déteste sa femme de tout son cœur.

La jalousie est une forme de délire étudiée par les aliénistes chez les intoxiqués de l'alcool : « Te voilà contente, hein ! tu m'as fait enfermer, tu pourras maintenant les recevoir, tous tes amants !... ». Il faut séparer quelquefois le pensionnaire, de sa femme qu'il malmène et qu'il aurait plaisir à tuer !

Elle a pitié de lui: elle apporte à son malade un canon de picolo. Les infirmiers font ouvrir les paniers aux provisions, ils confisquent les vins et spiritueux que les visiteurs et les visiteuses veulent à toute force introduire dans l'asile. Mais il est bien permis de donner un peu de café noir dans une bouteille à un pauvre garçon privé de douceurs. Qui songerait à interdire cela ? Oui, mais la ménagère a additionné le breuvage d'une bonne mesure de cognac, et le gardien ne peut tout de même pas goûter au « petit noir » !

La journée s'achève, il faut rentrer à Paris. Parfois un infirmier qui a bon cœur donne quelques sous à la mère pour qu'elle puisse prendre le tramway au retour. Les enfants disent adieu au chef de la famille.

*
* *

Le médecin-chef passe en revue ses malades, dans les pavillons et les jardins. Les moineaux pépient au soleil, des hommes couchés, soignés en plein air, tiennent des propos interminables et vitupèrent leurs camarades de lit. Les convalescents entourent le docteur, le retiennent par le coin de son vêtement. — Quand me laisserez-vous partir ? — Un peu de patience. — Et moi ? — Nous verrons ça. — Le médecin se dégage, des injures l'accompagnent.

— On les guérit ici, nous dit M. le docteur Legrain. Un séjour plus ou moins prolongé, suivant le degré d'intoxication, fait disparaître les troubles mentaux. Mais les malades reviennent. Je revois 25 à 30 p. 100 d'entre eux. Ne croyez pas surtout que ce soit le chiffre des rechutes. Ce serait trop beau ! Il est bien plus élevé. La grande majorité des buveurs continuent à boire, malgré tout. Il n'y en a pas 1 sur 1.000 qui se souvienne des promesses de tempérance qu'il a multipliées, des serments qu'il a faits sur la tête de ses enfants.

La récidive

Le jour de la libération vient pourtant. L'homme ne croit pas qu'il a été soigné, il a la conviction qu'il a été puni. C'est de mauvais jours qu'il a passés, songe-t-il, il n'en est pas honteux; il en parle à ses camarades comme d'un malheur, d'une tuile qui l'a frappé, il ne sait trop comment, ni pourquoi! Cependant, il est long à accepter la première tournée qu'on lui offre... Quelques années après, il fait sa seconde période à Ville-Evrard. La tuberculose, le *delirium* ne l'emportent pas toujours. Il peut être interné à vie, devenir paralytique, agité, gâteux. Un jour, en province, nous visitâmes les furieux. Ils étaient, dans une vaste galerie, une douzaine de tout âge, adossés au mur. La tête rasée, le cou libre, ils présentaient une vague ressemblance avec les forçats. Quelques-uns se promenaient dans une cour gazonnée, où leurs pas dirigés dans le même sens traçaient des pistes. Ils se battaient souvent, les gardiens les séparaient et recevaient des horions. Certains malades avaient la manie de se déchausser, on adaptait alors à leurs souliers une sorte de serrure, et on fermait les brodequins à double tour. D'autres se dévêtaient avec le même entêtement; on les habillait avec des *vestes-sacs* qui emprisonnaient les bras et se fermaient également à l'aide d'une clé dont le surveillant était toujours porteur.

Le soir, après le repas, ils regagnaient leurs cellules devant lesquelles ils déposaient leurs vêtements. Par l'ouverture d'un judas, on apercevait les malheureux, gesticulant.

Dans un cabanon aux murs matelassés, sur un tas de paille, gisait un dément. Il était entièrement recouvert d'un drap. Nulle couchette n'avait pu résister à ses coups, ni le lit rivé au sol, ni le matelas étendu. Il avait cassé les *carreaux-dalles*, épais de plusieurs centimètres, qui remplaçaient les anciens grillages. On l'avait couché sur de la paille renouvelée chaque jour par les infirmiers, qui se mettaient à quatre pour le soulever et le maintenir.

Dans les cellules, les gardiens ne pénétraient que rarement, mais toutes avaient accès sur un couloir dans lequel le veilleur se promenait la nuit ; il épiait les fous et sa surveillance était contrôlée automatiquement par un appareil pointeur. Au matin, l'agent rédigeait son rapport : « Nuit calme, nuit agitée... le malade a hurlé... il a dormi paisiblement... » Parfois, les observations journalières relataient des drames : l'assassinat d'un infirmier par un fou ! (1).

*
* *

On comptait, vers 1840, 11.500 déments dans ce pays, il y en a plus de 80.000 aujourd'hui. On ouvre un sixième établissement d'aliénés dans le département de la Seine. A Maison-Blanche, il y a un service spécial pour les folles alcooliques. Tout cela ne suffit pas. On n'a plus de place pour interner les fous, on les transfère dans les départements. Mais les asiles des départements (ceux de Clermont et de Dijon), eux-mêmes débordés, retournent à Paris les convois de malades que la capitale leur adresse.

Quel tableau que ces wagons de déments faisant la navette entre la province et la Ville-Lumière, que ce bataillon de fous à la recherche d'un cabanon. « L'alcoolisme, agent de toutes les dégénérescences physiques et morales, écrit le docteur Dupré, est en train, sous les yeux des

---

(1) Fréquentes sont les agressions, les tentatives de meurtre dont les gardiens sont victimes au cours de leur service. Le personnel n'est pas toujours en nombre suffisant. C'est ainsi qu'à l'asile de Moissel, il arrive qu'une infirmière veille *seule* au dortoir où logent 93 et même 124 aliénées.

pouvoirs publics, indifférents et impuissants, de tuer notre pays ; je ne saurais trop insister sur la vérité littérale de ce triste pronostic et j'affirme devant vous que, dès à présent, on en pourrait inscrire la formule au fronton de tous les cabarets de France : « *Finis Galliæ.* »

Imp. coop. ouvrière
Villeneuve-St-Georges

26, rue Hermand Daix
Téléph. 32

TABLE

BIBLIOTHÈQUE
DU
Mouvement Prolétarien

Chaque volume in-16, de 64 pages au moins........ **0 fr. 60**

Par son format commode et son prix minime, cette collection s'adresse à ceux qui, dans tous les milieux, sont attentifs au mouvement social de leur temps et, spécialement, à cette partie du public qui n'a pas la possibilité d'aborder les gros travaux et de rechercher les articles spéciaux publiés sur ces questions.

Elle comprend des études descriptives, historiques, documentaires, théoriques, critiques, biographiques, etc.

VOLUMES PARUS :

I. **Syndicalisme et Socialisme,** Conférence internationale, par V. Griffuelhes, B. Kritchewsky, A. Labriola, Hubert Lagardelle et Robert Michels.

II. **La Confédération Générale du Travail,** 2e édition, 1910, par E. Pouget.

III. **La Décomposition du Marxisme,** 2e édition, 1910, par Georges Sorel.

IV. **L'action syndicaliste,** par Victor Griffuelhes.

V. **Le Parti socialiste et la Confédération du Travail.** Discussion, par Jules Guesde, Hubert Lagardelle et Edouard Vaillant.

VI. **Les nouveaux Aspects du Socialisme,** par Ed. Berth.

VII. **Les Instituteurs et le Syndicalisme,** par M. T. Laurin.

VIII. **La Révolution dreyfusienne,** par G. Sorel.

IX. **Les Bourses du Travail,** par Delesalle.

X. **Voyage révolutionnaire,** par V. Griffuelhes.

XI. **Les objectifs de nos luttes de classes,** par V. Griffuelhes et Louis Niel. Préface de Georges Sorel.

XII. **Le Mouvement ouvrier en Italie,** par Lanzillo.

XIII. **Le Sabotage,** par Em. Pouget.

XIV. **Le Syndicalisme français. — Contre la Guerre,** par Jouhaux.

COLLECTION

“ Systèmes et Faits sociaux ”

La Philosophie sociale de Renouvier, par Roger Picard, 1 vol. in-8 de 344 pages, br. . . . . 7 fr. 50

La Richesse de la France. Fortune et revenus privés, par H. de Lavergne et Paul Henry, 1 vol. in-8 de 216 pages, br. 6 fr.

Race et Milieu social. Essais d'Anthroposociologie, par Vacher de Lapouge, 1910, 1 vol. in-8 de 393 pages, br. . . . . 8 fr.

La Protection de la Maternité, par J. Mornet, 1910, 1 vol. in-8, br. . . . . 6 fr.

Le Programme socialiste, par Kautsky. Traduction Rémy, 1910, 1 vol. in-8, br. . . . . 6 fr.

Le Chômage : causes, conséquences, remèdes, par H. de Lavergne et P. Henry, 1910, 1 vol. in-8, br. . . . . 8 fr.

Les Cahiers de 1789 et les classes ouvrières, par Roger Picard, 1 vol. in-8, 1910. . . . . 6 fr.

Le travail à domicile : ses misères, ses remèdes, par G. Mény, 1 vol. in-8, 1910. . . . . 8 fr.

La fin de l'esclavage dans l'antiquité, par Ciccotti, traduit par G. Platon, 1910, 1 vol. in-8, br. . . . . 10 fr.

Introduction à la Sociologie, par G. de Greef, prof. à l'Université nouvelle de Bruxelles, 2e édit., 1911, 2 vol. in-8. . 12 fr.

Le Protectionnisme ouvrier, par G. Prato, traduit par G. Bourgin, 1 vol. in-8, 1912. . . . . 7 fr.

La question agraire et le socialisme en France, par Compère-Morel, 1 vol. in-8, 1912. . . . . 8 fr.

Lassalle, par Bernstein, 1912, 1 vol. in-8. . . . .

Eléments de Sociologie, par Caullet, 1913, 1 vol. in-8. . 7 fr.

La Protection légale des Travailleurs aux Etats-Unis, par Dewarrin et Lecarpentier (*sous presse*).

La Sociologie économique, par Bochard (*sous presse*)

COLLECTION

“ Etudes sur le Devenir social ”

I. **Les Illusions du Progrès,** par GEORGES SOREL, 2e édition augmentée, 1 vol. in-16 .... 3 fr. 50

II. **Dialogues socialistes,** par ED. BERTH, 1 vol. in-16. 3 fr. 50

III. **Karl Marx : l'économiste, le socialiste,** par A. LABRIOLA, traduit par BERTH. Préface de G. SOREL, 1 vol. in-16. 4 fr.

IV. **Réflexions sur la violence,** par GEORGES SOREL, 3e édit., 1912, 1 vol. in-16 .... 5 fr.

V. **Le Mythe vertuiste et la Littérature immorale,** par VILFREDO PARETO, prof. d'écon. polit., 1 vol. in-16. 3 fr.

VI. **L'interprétation économique de l'Histoire,** par E. SELIGMAN, traduit par H.-E. BARRAULT. Préface de GEORGES SOREL, 1 vol. in-16 .... 3 fr.

VII. **Pour le droit naturel.** A propos du livre de M. Hauriou : Les principes du Droit public, par G. PLATON, 1 volume in-16 .... 1 fr. 50

VIII. **Introduction à l'économie moderne,** par GEORGES SOREL, 1 vol. in-16 .... 5 fr.

IX. **La possession communale du sol,** par N.-G. TCHERNICHEWSKY, 1 vol. in-16 .... 3 fr.

X. **La Révolution sociale,** par KARL KAUTSKY, 1 vol. in-16, 1912 .... 3 fr.

XI. **Les grands hommes et le milieu social,** par A. ISAÏEFF, 1 vol. in-16 .... 2 fr.

XII. **Les Disciplines classiques,** par CLOUARD, 1 vol. in-16.

BIBLIOTHÈQUE DES
Sciences économiques et sociales

La journée de huit heures, par MARCEL LECOQ, *docteur en droit ès sciences économiques,* 1 vol. in-16, de 224 pages........ 2 fr.

L'Avenir économique du Japon, par ACHILLE VIALATTE, *professeur à l'Ecole des Sciences politiques,* 1 vol. in-16... 2 fr.

Cours d'économie politique, professé au Collège libre des Sciences Sociales, par PAUL GHIO. — Tome I. *Les Origines,* 1 vol. in-16.. 2 fr.

Le Commerce international, par G. LECARPENTIER, *Avocat à la Cour d'appel, diplômé de l'Ecole des Sciences politiques,* 1 vol. in-16.. 2 fr.

Les Employés et leurs Corporations. Etude sur leur fonction économique et sociale, par E. DELIVET, *lauréat de la Société d'Economie politique de Paris,* 1 vol. in-16............. 2 fr.

Le Compagnonnage, son histoire, ses mystères, par J. CONNAY, Préface de L. et M. BONNEFF, 1 vol. in-16........ 2 fr.

Coopération et Socialisme en Angleterre, par BARRAULT et M. ALFASSA. Préface de CH. GIDE, 1 vol. in-16.......... 2 fr.

Commerce maritime et Marine marchande, par G. LECARPENTIER, 1 vol. in-16.................................. 2 fr.

La formation du prix des denrées, par A. DULAC (ouvrage couronné par la Société des agriculteurs de France), 1 vol. in-16.. 2 fr.

La Démocratie sociale devant les idées actuelles, par ET. ANTONELLI, *Professeur au Collège libre des Sciences sociales.* Préface de PAUL BONCOUR, 1 vol. in-16............... 3 fr.

Le socialisme et la conquête des paysans, A travers les campagnes bourbonnaises, par JOSEPH BOIS, 1 vol. in-16. 1 fr. 50

L'émigration et ses effets dans le midi de l'Italie, par G. B. RUSSO, avec préface de P. BEAUREGARD, 1911, 1 vol. in-16 .... 3 fr. 50

Marchands de folie. Cabaret des Halles et des faubourgs, cabaret-tâcheron, cabaret-cantinier, cabaret-placeur, cabaret de luxe, l'estaminet des mineurs, de l'infirmerie à la maison de fous, etc., par LÉON et MAURICE BONNEFF, 1 vol. in-16, 1912...... 2 fr.

Illusions socialistes et réalités économiques. Grèves et arbitrages obligatoires. Pour remplacer le salaire. Expériences australiennes, par DANIEL BELLET, 1 vol. in-16, 1912...... 3 fr.

HISTOIRE

DES

Partis Socialistes en France

Publiée sous la direction de Alexandre ZÉVAÈS

I. **De Babeuf à la Commune,** par A. CHABOSEAU.

II. **De la Semaine sanglante au Congrès de Marseille,** par ALEXANDRE ZÉVAÈS.

III. **Les « Guesdistes »,** par ALEXANDRE ZÉVAÈS.

IV. **Les « Possibilistes »,** par SYLVAIN HUMBERT.

V. **Les « Allemanistes »,** par MAURICE CHARNAY.

VI. **Les « Blanquistes »,** par DA COSTA.

VII. **L'Unité socialiste,** par J.-L. BRETON.

VIII. **Les Socialistes indépendants,** par A. ORRY.

IX. **Le Mouvement syndical,** par SYLVAIN HUMBERT.

X. **Les Anarchistes,** par JACQUES PROLO.

XI. **Le Socialisme en 1912,** conclusions et annexes, par ALEXANDRE ZÉVAÈS.

*Chaque volume in-18 jésus de 80 à 100 pages. Prix: **0 fr. 75***

Ouvrages divers

L'Action socialiste municipale. Préface d'Edg. Milhaud, 1 vol. in-16 .... 1 fr. 25

Alhaiza. — *Fourier et sa sociologie sociétaire,* in-8..... 0 fr. 75

Allard. — *Esclaves, Serfs et Mainmortables,* n. éd....... 4 fr.

Arnoux (J.). — *Le Peuple japonais. Le Vieux Japon. Le Japon moderne. Le Japon actuel,* 1912, in-18 jésus de 510 pages. 5 fr.

Bender (E.). — *Le salaire effectif, sa protection par la loi,* 1 vol. in-8.. 3 fr. 50

Bernstein (Ed.). — *La Grève et le lock-out en Allemagne. Leurs forces, leur droit, leurs résultats.* Conférence à l'Université nouv. de Bruxelles, 1908, gr. in-8..................... 2 fr. 50

Beuchat et **Hollebecque.** — *Les religions.* Etude historique et sociologique du phénomène religieux, 1 vol. in-16, illust. 2 fr. 50

Colin (P.). — *Aperçus sur le vagabondage, effets, causes, remèdes,* 1907, 1 vol. in-16, br................................ 1 fr. 50

Compte rendu de la Conférence du Chômage, tenue à Paris du 18 au 21 septembre 1910, 3 forts vol. in-8 raisin...... 18 fr.

Ier Congrès de l'Enseignement des Sciences sociales. Compte rendu des séances et texte des mémoires de Gide, Waxweiler, G. Renard, Niceforo, F. Simiand, Hauser, Deherme, 1901, 1 vol. in-8.. 5 fr.

Ve Congrès national des Syndicats et Groupes corporatifs ouvriers de France, tenu à Marseille, du 19 au 22 octobre 1892. Compte rendu, 1 vol. in-8.. 1 fr. 50

Dambrun. — *La grève envisagée dans ses effets juridiques,* 1 vol. in-8, 1905.. 4 fr.

Delmer. — *Enquête anglaise sur la journée de huit heures,* 1907, in-8, br.. 2 fr.

Fesch (P.). — *L'année sociale économique,* 1907, 1 vol. in-8, broché.. 7 fr. 50

— *L'année sociale économique,* 1908, 1 vol. in-8, br. Prix. 7 fr. 50

Fournier de Flaix (E.). — *La Statistique des religions*, 1890, in-8 de 54 p. .... 1 fr. 50

Fromont. — *Une expérience industrielle de réduction de la journée de travail*, 1 vol. in-16, cart. toile.......... 3 fr.

Goineau (A.). — *Les retraites ouvrières et paysannes. Loi du 5 avril 1910 annotée et commentée avec le calcul des pensions auxquelles les intéressés auront droit*, 1 vol. in-16, 1910.. 1 fr.

Gorju (Camille). — *L'évolution coopérative en France*, 3 petits vol. in-18 jésus, 1909-1911.......... 3 fr.

I. — Exposé comparatif de l'organisation et du développement des coopératives de consommation et de production. Un vol. in-18.

II. — Exposé économique des méthodes de concentrations dans les coopératives agricoles de production. Un vol. in-18.

III. — Exposé d'ensemble du système coopératif dans les grands courants de centralisation économique. Un vol. in-18.

Goulut. — *Le Socialisme au pouvoir*, 1910, 1 vol. in-16... 3 fr. 50

Hage (D[r]). — *Le problème de l'assurance obligatoire contre l'invalidité et la vieillesse*, 1912, 1 vol. in-4°.......... 4 fr.

Halévy (Daniel). — *Luttes et Problèmes*, 1 vol. in-18 jésus, 1911.......... 3 fr. 50

Heberlin-Darcy. — *Esquisse d'une société collectiviste.* Etude sociologique, préface d'Anatole France, 1908, br. in-8. 0 fr. 50

Kautsky. — *La lutte des classes en France en 1789*, traduit par Ed. Berth, 1 vol. in-12, 1901.......... 2 fr.

Karmin (Otto). — *Tableaux chronologiques* pour servir à l'étude de l'histoire des Systèmes économiques et socialistes de 1500 à 1886. Préface de Henry Fazy, vice-président du Conseil d'Etat du Canton de Genève, in-4, 1911.......... 1 fr. 50

Kurnatowski (G.). — *Esquisse d'évolution solidariste*, 1 vol. in-8, br.......... 2 fr. 50

Lagardelle. — *La Grève générale et le Socialisme*, enquête internationale, opinions et documents, 1905, 1 vol. in-18 de 424 p.......... 3 fr. 50

Lamotte (A. de). — *La femme en ville et à la campagne.* Salaires et conditions diverses, 1 vol. in-16.......... 1 fr. 50

Lesigne (E.). — *Les droits du travail. L'homme ne veut plus du salariat*, 1 vol. in-16.......... 3 fr.

Maisonnier et Lecarpentier. — *L'Irlande et le Home-Rule*, 1 vol. in-8, 1912.......... 7 fr.

Martin (Marguerite). — *Les droits de la femme,* 1 vol. in-16, 1911..

Martinet (E.). — *Le socialisme au Danemark.* Préface de P. Baudin, 1 vol. in-16............................ 2 fr. 50

Malnoury, avocat. — *Manuel pratique du conseiller prud'homme,* 1 vol. in-16.. 4 fr.

Niel (L.), ex-secrétaire de la C. G. T. — *Deux principes de vie sociale.* La lutte pour la vie. L'entente pour la vie. 1909, 1 vol. in-12, br.. 0 fr. 75

Payer (A.). — *La participation aux bénéfices.* Etude historique, critique et documentaire, 1 vol. in-16................ 0 fr. 75

Pereyra Alcantara (A.). — *Le capitalisme et le problème économique,* brochure gr. in-8, 1911.............................. 1 fr.

Poidvin (A.). — *Guide pratique en matière d'accidents du travail* à l'usage des patrons, employés et ouvriers, 1 vol. in-16, br., de 216 p.. 2 fr.

Pranard et Mangot. — *Le bien de famille insaisissable,* avec commentaire et formule, 1 vol. in-16................ 1 fr. 50

Prolo (J.). — *De la Méthode réaliste du socialisme réformiste français,* préface d'Albert Orry, secrétaire général du P. S. F., in-12.. 0 fr. 50

Préaudeau (M. de). — *Michel Bakounine.* Le collectivisme dans l'Internationale. Etude sur le mouvement social (1868-1874), 1 vol. in-8, 1912.. 8 fr.

Rappoport (Ch.). — *La philosophie de l'histoire comme science de l'évolution,* 1 vol. in-16 de XVI-250 p.............. 3 fr. 50

Rey (A.). — *Le cri de la France. Des logements! La gravité de la crise, les grands remèdes.* Préface de Léon Mabilleau, in-8, 96 pages, 1912.. 0 fr. 75

Rougé (Ch.). — *Les Syndicats professionnels et l'Assurance contre le chômage,* 1913, in-8.......................... 4 fr.

Saint-Cyr (Ch. de). — *La Haute-Italie politique et sociale,* 1908, 1 vol. in-12.. 3 fr.

Saint-Georges d'Armstrong (Baron Th. de). — *Concorde internationale,* avec commentaires et détails. Lettres écrites aux puissances et vœux déposés au Congrès permanent de l'Humanité dans les années 1900 à 1906, 1907, 1 vol. gr. in-8.......... 4 fr.

Saint-Laurens (L.). — *Les syndicats et la répression des infractions professionnelles,* 1 vol. in-8.......................... 5 fr.

Séverac (G.). — *Guide pratique des Syndicats professionnels*, 1908, 1 vol. in-12, br.. 2 fr.

Silberling (E.). — *Dictionnaire de Sociologie phalanstérienne.* Guide des œuvres complètes de Charles Fourier, 1 vol. in-8 de XII-460 pages, 1911.. 15 fr.

Sorel (G.). — *Le système historique de Renan*, in-8.... 12 fr.
— *La ruine du monde antique*, in-16................ 3 fr. 50

Szembek (Comte A.). — *Les Associations économiques des paysans polonais sous la domination prussienne*, préface du Comte L. de Voguë, 1 vol. in-8 de 461 p................... 7 fr. 50

Valmor (G.). — *La loi du nombre*, notre principe de gouvernement, 1908, 1 vol. in-16.................................. 1 fr. 50
— *Les problèmes de la colonisation*..................... 3 fr. 50

Vandervelde (E.). — *Le sort des campagnes s'améliore-t-il? Un village brabançon en 1833. Ce qu'il est devenu.* 1 vol. gr. in-8, broché.. 2 fr.
— *Essais sur la question agraire en Belgique*, 1903, 1 vol. in-12 de 210 p.. 2 fr. 50

Varlez, Picquenard, Darcis, G. Alfassa, Max Lazard. — *Le Placement public à Paris.* Situation actuelle et projets de réforme, 1913, in-16 .... 3 fr. 50

Vitali. — *La question des retraites ouvrières devant le Parlement français*, 1906, 1 vol. in-8, br., 298 p.................. 5 fr.

Waxweiller (E.). — *Esquisse d'une Sociologie.* 1 vol. in-4 carré, cart. toile.. 12 fr.
— *L'Evolution de l'idée d'association des salaires aux profits*, 1909, brochure gr. in-8.................................. 1 fr.

Weber (A.). — *A travers la Mutualité.* Etude critique sur les Sociétés de secours mutuels, 1908, 1 vol. in-8. .... 5 fr.

Weber — *L'Enseignement de la Prévoyance.* Une lacune des programmes universitaires, 1 vol. in-8................ 2 fr.

Weber — *Introduction à l'Etude de la Prévoyance*, 1 vol. gr. in-8 de 554 p.. 7 fr. 50

Zimmern (Alice). — *Le Suffrage des femmes dans tous les pays.* Avant-propos de Mrs Chapman Catt, présidente de l'Alliance internationale pour le Suffrage des femmes, 1 vol. in-16 de 228 p.. 2 fr.

Publication des Lois ouvrières

Accidents du Travail. — Lois et Décrets, édition mise à jour, 1912. 1 brochure in-8. Prix .... **0 fr. 50**

Accidents du Travail. — Arrêtés du 30 septembre 1905 et 29 décembre 1911 fixant le tarif des frais médicaux et pharmaceutiques en matière d'accidents du travail. 1 vol. in-4 **2 fr.**

Assistance aux Vieillards. — Instruction du 16 avril 1906 suivie de la loi du 14 juillet 1905. Décret du 14 avril 1906 et annexes. 1 vol. in-8.............................. **2 fr.**

Bien de famille insaisissable. — Loi du 12 juillet 1909. Décret du 26 mars 1910 et circulaire, annotés et commentés par PRANARD et MANGOT, avec formules, 1 vol. in-16.... **1 fr. 50**

Bureaux de placement. — Loi du 14 mars 1904 relative au placement des ouvriers et employés des deux sexes et de toutes professions. 1 brochure in-8................. **0 fr. 50**

Caisses d'épargne. — Histoire et Législation, par CHEVAUCHEZ, rédacteur au Sous-Secrétariat des Postes. In-8 br... **1 fr. 50**

Caisses de secours contre le chômage. — Décret du 9 septembre 1905, précédé d'un rapport du Ministre du Commerce et du Ministre des Finances. 1 brochure in-8........ **0 fr. 50**

Conseils de prud'hommes. — Loi du 27 mars 1907, complétée des textes et articles des codes mis en vigueur par la présente loi. 1 brochure in-8 de 32 pages................... **0 fr. 50**

Contrat d'association. — Loi du 1er juillet 1901, modifiée par celles des 4 décembre 1902 et 17 juillet 1903, suivie des Décrets des 16 août 1901, 28 novembre 1902, 14 février 1905, et circulaire ministérielle. 1 brochure in-8 de 46 pages..... **0 fr. 50**

Distributions d'énergie électrique. — Loi du 15 juin 1906, suivie de celle du 25 juin 1895, brochure in-8.... **0 fr. 50**

Habitations à bon marché et petite propriété. — Loi du 12 avril 1906 et du 10 avril 1908. 1 brochure in-8..... **0 fr. 50**

Hygiène du Travail. — Lois des 12 juin 1893 et 11 juillet 1903 et décrets des 29 novembre 1904 et 6 août 1905, suivis des Décrets sur l'emploi de la céruse, couchage du personnel, ateliers de blanchissage. 1 brochure in-8 de 30 pages. **0 fr. 50**

Justice de paix. — Lois des 12 et 13 juillet 1905. 1 brochure in-8 .... **0 fr. 50**

Législation électorale. — Lois et Décrets concernant les élections des conseillers municipaux, conseillers généraux, députés, sénateurs, suivis des lois constitutionnelles, petit volume in-8, broché .... 1 fr. 50

Liberté de Réunion. — Loi du 30 juin 1881, modifiée par celle du 28 mars 1907 et annotée des textes des 16-24 août 1790, 19-22 juillet 1791, 18 juillet 1837, 28 juillet 1848, 9 décembre 1905, art. 25-26. Décret du 16 mars 1906, art. 49. 1 brochure in-8 .... 0 fr. 50

Organisation municipale. — Loi du 5 avril 1884 modifiée par celles des 4 et 25 février 1901, 7 avril 1902, 8 janvier 1905, 9 décembre 1905 et complétée par la loi du 22 mars 1890 sur les Syndicats des communes. 1 broc. in-8 de 48 pages. 0 fr. 50

Recrutement de l'armée. — Loi du 21 mars 1905, réduisant à deux ans la durée du service militaire. 1 brochure in-8 de 68 pages .... 0 fr. 50

Repos hebdomadaire. — Loi du 13 juillet 1906 et Décrets d'administration publique du 24 août 1906, 13 juillet 1907, 14 août 1907. 1 brochure in-8.. 0 fr. 50

Retraites ouvrières et paysannes. — Loi du 5 avril 1910. 1 brochure in-8 .... 0 fr. 50

— Décrets des 24 et 25 mars 1911, une brochure in-8. 0 fr. 50

Sociétés d'assurances sur la vie. — Loi du 17 mars 1905, Décrets des 30 janvier, 12 mai, 9, 22, 25 juin 1906, notice relative à l'enregistrement et arrêtés de juillet 1907 et modèles d'états à produire. 1 vol. in-8 de 104 pages....... 2 fr. »

Sociétés civiles et commerciales. — Loi du 24 juillet 1867 modifiée et complétée par celles des 1er août 1893 et 16 novembre 1903, suivie des lois des 29 juin 1872, 1er décembre 1875, et Décrets des 9 décembre 1872 et 10 août 1896 sur le timbre des sociétés. 1 brochure in-8 de 36 pages.......... 0 fr. 50

Sociétés de secours mutuels. — Loi du 1er avril 1898, modifiée et complétée par celles des 31 mars 1903 et 2 juillet 1904, suivie du Décret du 25 mars 1901. 1 brochure in-8.. 0 fr. 50

Syndicats professionnels. — Loi du 21 mars 1884, circulaire ministérielle du 25 août 1884. 1 brochure in-8...... 0 fr. 50

Indépendamment des Lois mentionnées ci-dessus et éditées par nos soins, la librairie peut fournir par fascicules séparés du *Bulletin des Lois* toutes celles promulguées depuis 1794.

Imp. coop. ouvr., Villeneuve-St-Georges

www.ingramcontent.com/pod-product-compliance
Ingram Content Group UK Ltd.
Pitfield, Milton Keynes, MK11 3LW, UK
UKHW022100260726
13993UKWH00001B/225